일보다
사람이
더 힘든
당신에게

일보다 사람이 더 힘든 당신에게

초판 1쇄 인쇄 2025년 4월 17일
초판 1쇄 발행 2025년 4월 21일

지은이 | 강예돈
펴낸이 | 임종관
펴낸곳 | 미래북
편   집 | 정윤아
본문 디자인 | 디자인 [연:우]
등록 | 제 302-2003-000026호
주소 | 경기도 고양시 덕양구 삼원로73 고양원흥 한일 윈스타 1405호
전화 031)964-1227(대) | 팩스 031)964-1228
이메일 miraebook@hotmail.com

ISBN 979-11-92073-74-3   (03320)

일보다
사람이
더 힘든
당신에게

강예돈 지음

미래북
miraebook

"일이 힘듭니까, 사람이 힘듭니까?"

직장생활을 하는 이들이라면 비슷한 답을 할 것이고 그 이유에 대해서도 모두 공감할 것입니다. 힘든 일이야 밤을 새워서라도 어떻게든 해낼 수 있습니다. 그렇지만 마음을 무겁게 짓누르는 인간관계 문제는 노력한다고 해결되지 않습니다. 우리는 왜 사람 때문에 힘들어하고, 소통은 왜 그토록 어려울까요? 이 책은 바로 그 해답을 찾아가는 여정입니다.

저는 과업 중심의 직장인이었습니다. 성과를 최우선으로 삼고 업무 외의 감정적 연결을 불필요하게 여겼습니다. 그런 태도가 결국 나를 고립시켰고, 결국 원치 않는 퇴직을 불러오는 충격적인 결과를 낳았습니다. 이 경험을 계기로 소통하는 방법의 중요성에 눈을 뜨게 되었습니다. 이후 '말하는 방법'과 '관계 맺는 법'을 배우기 위해 열심히 공부하고 실천하며 얻은 깨달음을 이 책에 담았습니다.

행복은 결국 관계에서 비롯됩니다. 친밀한 관계를 유지하는 사람이 더 행복하고 건강하게 산다는 하버드 대학의 연구 결과도 이를 뒷받침합니다. 이 같은 결론은 모든 사회적 연결과 관계의 유지가 행복의 핵심임을 설명합니다. 하지만 좋은 관계를 맺는 것은 쉽지 않은 도전입니다. 직장 내 인간관계 갈등, 서로 다른 의견의 충돌, 그리고 오해와 편견은 늘 우리 곁에 존재합니다. 이 책은 그 어려움을 헤쳐 나가는 데 필요한 도구와 통찰을 담았습니다.

첫 번째 도구는 바로 '말의 힘'입니다. 사람과의 관계에서 말은 칼보다 강력합니다. 날카로운 말은 상대의 마음을 베지만, 따뜻한 말은 마음을 여는 열쇠가 됩니다. 이 책에서는 극단적 표현을 피하고 중용의 말하기를 실천하는 여러 방법을 설명합니다. 나아가, 상대방의 마음을 읽고 감정을 어루만지는 대화법도 제안합니다. 직장에서 얼굴을 마주하는 것만으로도 힘이 드는 사람과도, 말 한마디로 달라질 수 있습니다.

두 번째 도구는 '상대에게 맞는 대화법'입니다. 모든 사람과 대화하는 방식을 똑같이 해서는 안 됩니다. 예를 들어, 상대가 논리적인 설명을 원하는지, 따뜻한 공감을 필요로 하는지에 따라 그에 맞는 말하기를 해야 합니다. 상대가 듣고 싶은 말과 진짜로 필요한 말을 구분하는 능력이 관계의 질을 결정합니다. 책을 통해 '지금까지는 내가 하고 싶은 말만 했구나'라는 깨달음을 얻게 되었다면, 실수를 반복하지 않고 새로운 대화를 할 수 있는 방법을 배운 것입니다. 직장에서 만나는 사람을 특정별로 구분하여, 상대를 존중하는 말투와 상황에 맞는 표현을 담았습니다. 이를 통해 오해와 갈등을 줄이고 관계를 좋아지게 하는 대화를 할 수 있습니다.

마지막으로, '감정 관리와 자기 성찰'의 중요성도 잊지 않기를 당부합니다. 모든 결정은 감정에 뿌리를 두고 있습니다. 자신의 감정 상태에 따라 말이나 사람을 대하는 태도가 달라집니다. 당연히 상대와의 관계도 달라지겠죠. 나를 돌아보고 자기 성찰을 하는 것이 대화에도 큰 영향을 미칩니다. 그렇기 때문에 감정과 행동의 관계를 이해하고, 신체적 반응을 통해 감정을 조절하는 법을 알려드리려 많은 예시를 담았습니다. 나 자신을 이해하고 깊이 들여다보는 성찰이야말로 건강한 관계의 출발점입니다.

이 책은 단순한 이론서가 아닙니다. 제가 직접 경험하고 실패를 통해 배우고, 다시 일어서며 얻은 소통의 지혜가 가득 담긴 실전 가이드입니다. 직장생활에서 사람 때문에 힘들어하는 모든 이에게 이 책이 따뜻한 위로와 실용적인 해결책을 제공하길 바랍니다.

이 책이 나올 수 있게 도움을 주신 많은 스승님과 소중한 나의 가족에게 사랑과 감사를 드립니다.

2025년 봄
강예돈

목차

PART 1

HUMAN RELATIONSHIPS

관조 :
관계가 힘들 때는 높은 곳에 올라서서 나와 그 상황을 객관적으로 보아야 한다

중용 :
극단적 표현을 하면 상대를 전투태세로 만든다

용서와 사과 :
미움을 버리고 용서와 사과를 하면 더 좋은 관계를 만들 수 있다

감정 :
모든 결정은 감정에 달려있으므로 감정을 잘 다스려야 한다

미움받을 용기 :
모든 사람들의 사랑을 받을 수 있는 사람과 말은 없다

고르디우스 법칙 :
좋지 않은 관계와 감정은 과감하게 끊어버려야 한다

PART 5   HUMAN RELATIONSHIPS

PART

1

관조

관계가 힘들 때는 높은 곳에 올라서서
나와 그 상황을 객관적으로 보아야 한다

직장생활을 하는 당신에게 묻고 싶다.

"일이 힘듭니까? 사람이 힘듭니까?"

일이 아무리 힘들다 해도 우리는 해낼 수 있다. 하지만 사람이
힘든 것은 해결이 불가능하다.

인간관계와 말하는 방법에 대한 이야기를 나의 깨달음으로 시
작한다. 나는 흔히 말하는 과업 중심의 직장인이었다. '회사는 일
하러 오는 곳', '일하러 왔으면 일을 잘해야지', '개인적인 이야기
나 모임이 군이 필요한가' 하는 생각은 나의 직장생활 한가운데
있었다. 그렇게 9년, 나는 일은 잘했는지 몰라도 주변 사람에게는
딱딱하고 냉정한 사람이 되었다. 상사는 직원들이 함께 일하기 어

려워한다며 사직을 권했다. 충격 속에 지난날 나의 말과 행동을 돌이켜보았다. 1년간 소통에 대한 공부를 하고 크게 깨달은 것은 '말하는 방법이 소통에 영향을 미친다'는 것이다. 나와 같은 이유로 어려움을 겪는 직장인이 없도록 소통에 대한 이야기를 해본다.

행복은 90%가 인간관계에 달려있다.

_키에르케고르(Kierkegaard)

주변 사람과의 관계가 편안하면 우리는 행복을 느낀다. 가족이나 친구 연인 등 가까운 사람과의 관계가 무너지고 힘들어지면 행복할 수 없다. 하버드대 로버트 월딩어(Robert Waldinger) 교수는 우리를 행복하게 만드는 것이 무엇인지에 대한 연구를 80년간 이어왔다. 다양한 계층의 소년을 선발하여 인터뷰하며 부모의 직업, 가정생활, 건강이나 친구 관계 등 다양한 행복의 원인을 조사했다. 연구 결과, 행복은 '가족 친구 등 주변 사람과 친밀한 관계일수록', '관계 맺고 있는 사람과의 친밀도와 신뢰도가 높을수록' 더 높은 것으로 나타났다.

어느 설문조사에서 퇴사를 결정한 이유 중 70% 이상이 '사람과의 관계 문제'로 나타났다. 마찬가지로 직장에서도 언제나 문제의 중심에는 '관계'가 있다. 특히 직장생활에서는 관계의 문제가 갈

등으로 확대되지 않도록 해야 한다. 좋은 관계는 내가 어떻게 말하는지(말하기 능력)에 따라 크게 달라진다. 하버드대학에서 말하듯 '혀(말의 힘)'는 돈이나 원자폭탄과 같은 위력을 가진다. 그러므로 말의 힘을 잘 활용하면 일보다 힘든 사람과의 관계를 편하게 만들 수 있다.

관계의 기본은 상대와의 말하기, 즉 대화에서 시작된다. 바꿔 말하면 상대방과 좋은 대화를 나눠야 관계가 좋아진다는 말이다. 그렇지만 '좋은 대화를 나눠야지' 하는 마음만으로 대화가 좋아지지는 않는다. 습관처럼 몸에 착 붙은 좋은 말 습관이 필요하다. 이어지는 각 장에서 좋은 말 습관을 만드는 방법에 대한 자세한 내용을 살펴보겠지만 상대를 알고 상대에게 맞는 대화를 하는 것이 무엇보다 중요하다. 상대에게 맞는 대화는 '나' 위주가 아닌 '상대 중심'의 말하기이기 때문이다.

지금까지의 생각과 편견을 버리고 상대방을 새롭게 보는 노력이 필요하다. 프랑스의 작가 마르셀 프루스트(Marcel Proust)는 그의 저서 《잃어버린 시간을 찾아서》에서 '새로운 풍경을 찾는 새로운 눈을 가지라'고 말한다. 힘들게 관계 맺고 있는 직장의 사람들을 보는 새로운 눈을 가지려 노력하자. 물론 쉽지 않다. 하루아침에 이루어지지도 않는다. 열린 마음을 가지고 일단 상대방의 이야기를 끝까지 들으려 노력하자. 의견이 부딪힌다면 '아, 서로 다른 생각을 가지고 있구나' 정도로 받아들여라. 이렇게 상황에서 조금 떨어져 보는 것이다.

<hr>

너에게 일어나는 일들에 대하여 화를 내는 것은
아무 쓸데없는 짓일 뿐이다.
그 일들은 네게 아무런 감정도 없기 때문이다.

_마르쿠스 아우렐리우스(Marcus Aurelius)

나를 헐뜯는 이야기를 들었을 때 크게 상처받는다. 나의 의도와
다르게 오해받는 경우에는 어떻게든 나를 설명하고 싶어진다. 특
히나 직장에서 일과 관련한 폄하뿐만 아니라 인격에 대한 공격이
있을 때 더 그러하다. 이러한 공격은 사람을 피폐하게 만든다. '내
가 정말 그런 사람은 아닐까', '내가 잘못한 점은 무얼까' 하는 생
각의 구렁텅이로 빠져들게 만들기 때문이다. 빠져들지 말고 빠져
나와라. 발코니에 올라서서 바라보라. 그러면 객관적으로 상황을
바라볼 수 있고 상처받지 않고 대처할 수 있다.
　'소통이 안 돼서 직원들이 함께 일하지 못하겠다고 하네', '그때
왜 비싼 물건을 산 거야? 싼 데서 샀어야지. 그건 잘못한 일이야',
'그만두지 않으면 징계가 내려질 거야' 나는 상사의 비난에 밤새
뒤척였다. 지난날 나의 말과 행동을 복기하고 또 복기하며 지새웠
다. 결국 새벽녘에는 '그때 그러지 말았어야 했다'고 소용없는 책

망을 하기도 했다. 당신도 힘든 상황에 있는가? 그렇다면 나는 당신에게 '그냥 받아들여라'라고 말하고 싶다. 인정하라는 것이 아니다. 인지하라는 말이다. 나쁜 의도가 있는 상대방의 말은 그저 흘러가게 두라. 내가 붙잡아야 하는 것은 상대의 감정이 아니다. 사실 그대로의 인정이다. 잘못한 것이 있다면 반성하고 다시 반복하지 않으면 된다. 사실이 아닌 내용은 아니라고 말하면 된다. 상대방의 공격에서 나를 구하고 지켜내라.

큰 상처를 받은 동물은 깊은 산 속으로 들어간다고 한다. 그곳에서 먹지도 않고 크게 움직이지도 않으며 자신을 돌본다. 그렇게 회복의 시간을 갖는다. 가만히 회복의 시간을 가진 동물은 대부분 회복한다고 한다. 홀로 회복의 시간을 보내는 것이 필요함은 우리도 마찬가지다. 아픈 상처로 힘들어하고 있다면 상심하지 말고 회복의 시간으로 여겨라. 이때 자신을 자책하는 것은 금물이다. 좋은 기운과 미래에 대한 긍정적 생각을 가득 채우고 나를 회복시켜라. 나의 동굴이자 치유의 공간인 나만의 치타델레(나만의 성소)로 들어가라.

회복했다면 다시 상처받지 않을 생각과 언어를 갖자. 직장에는 여전히 나를 공격하는 사람들이 존재한다. 그들의 한마디 한마디에 일희일비하지 말고 나만의 중심점에서 자신에게 말해보자. '지금 저 말이 진실인가?', '내가 원하는 것은 무엇이지?', '내가 원하는 것에 책임질 수 있나?' 사람은 질문을 듣게 되면 답하고 싶어진다. 말을 하기 전에 나 스스로에게 질문하고 대답하자. '저 말은 사실이 아니야!', '나는 그런 사람이 아니야', '잘못 알고 있는 부분을 말해줘야겠어' 등의 답변을 하다 보면 차분해진다. 감정에 휘둘려 반응하지 않고 객관적으로 대응을 할 수 있다.

메타 커뮤니케이션을 잘하려면
메타인지가 좋아야 한다

   의사소통(意思疏通), 즉 커뮤니케이션은 상대방으로 하여금 나의 생각이나 감정을 주고받는 행위이다. 우리는 생각이나 감정을 전달하는 방법으로 글이나 말(언어), 표정이나 몸짓 등을 주로 활용한다. 그렇다면 어떤 방법으로 나의 생각을 전달하는 것이 가장 효과적일까? 말이나 글을 잘 쓰는 것일까? 놀랍게도 의사(뜻과 생각)를 전달하는 가장 효과적인 방법은 온화한 표정이나 공감의 몸짓을 취하는 등의 비언어적 요소를 잘 활용하는 것이다. 말을 못 한다고 걱정하지 말고 비언어적 요소를 적극 사용하자.

 이러한 비언어적인 소통 수단을 '메타 커뮤니케이션'이라고 한다. 말은 하지 않지만 얼굴 표정이나 몸짓, 태도 등 겉으로 드러난 것으로 소통에 참여하는 적극성을 알 수 있다. 만약에 내가 어떤 의견을 냈을 때 상대방이 "의견 좋네요"라고 했다고 하자. 그렇지만 그의 얼굴 표정이 굳어있다면 어떻게 느껴질까? 나의 시선을 피하고 있다면 과연 내 의견에 동의했다고 생각될까? 반면 저 멀리서부터 달려와 두 손을 덥석 잡으며 내게 환한 표정을 짓는 사람을 만나면 어떤 마음이 들까? 메타 커뮤니케이션은 상대방의 진짜 마음을 알게 한다.

사실 메타 커뮤니케이션을 잘하려면 메타인지를 잘해야 한다. 메타인지는 1970년대 존 플라벨(J. H. Flavell)이라는 발달심리학자가 만든 용어로 '내가 하는 생각에 대한 생각'을 말한다. 소크라테스가 말한 '너 자신을 알라'라는 말이 메타인지의 핵심이다. 내가 나를 아는 것이다. 즉 내가 어떻게 말하고 있는지를 아는 것이 메타인지 소통이다. 메타인지 소통이 가능하면 나를 포함한 대화 참여자를 관찰하면서 대화의 흐름에 속도를 조절해가며 주도권을 가져갈 수 있다.

일을 하다 보면 실수를 할 수도 있고 일이 잘 안 될 수도 있다. "당신이 바보같이 실수를 해서 중요한 거래처와 계약이 불발됐어요. 이 일에 책임지세요." 막상 이러한 비난의 말을 듣게 되면 견디기 힘들다. 이럴 때는 상대의 말에 일일이 설명하지 말고 대화에서 빠져나와라. '그렇게 말하는 것은 적당한 업무평가가 아니다. 무엇 때문에 그렇게 생각하는지 정확히 전달해달라'고 말하라. 메타인지 소통을 하면서 메타 커뮤니케이션을 살피다 보면 대화에서 한발 물러설 수 있다. 오고 가는 말의 진짜 의미를 볼 수 있게 된다. 드러나지 않은 행간의 의미를 잘 파악해서 비난의 올가미를 피하자.

나 아닌 타인과 만나고 그들과의 대화에서 서로 부딪힌다는 것은 서로 다른 두 개의 세계가 충돌하는 것과 같다. 각각 다른 세계에서 살고 있는 사람은 당연히 서로 다른 생각을 한다. 두 개의 서로 다른 세계의 충돌 속에서 힘들어하며 시간을 낭비하지 말라. 우주 위로 올라와 두 세계를 바라보라. 멀리서 바라보면 다른 세계의 아름다움만 보게 된다. 서로의 아름다움을 알아보며 감탄하는 여유는 멀리 떨어져 볼 때만 가능하다.

중용

극단적 표현을 하면
상대를 전투태세로 만든다

　말을 잘한다는 것은 언어 구사를 유창하게 한다는 의미가 아니다. 때에 따라 알맞은 말을 상대방에게 전달한다는 것이다. 용기가 필요한 사람에게 용기 주는 말을 하고 위로가 필요한 사람에게 따뜻한 위로의 한마디를 제때 건네는 사람이 말을 잘하는 사람이다. 이렇게 '제때 알맞게' 마음을 전달하는 것이 중용의 말하기다. 극단의 감정으로 치우침 없이 중심을 유지하는 중용의 말하기가 모두를 편안하게 만든다.

극단적 표현은
극단적 반응을 부른다

심 국장: 왜 매번 매출보고서의 수치에서 오류가 생기는 거죠? 한
번도 제날짜에 딱 맞는 보고서가 올라오지를 않네.

허 과장: 아니, 국장님 매번이라니요? 지난번 보고서는 제날짜에
보고했고 내용도 오류가 없었습니다. (왜 저러는 거야? 나에
게 안 좋은 감정이 있나?)

심 국장: 뭐. 한 번 제때 보고했나 보구면.

허 과장: 뭐라고요? 저를 일 못하는 사람으로 매도하는 것입니까?

당신이 직장 상사에게 이런 말을 들었다고 한다면 기분이 어떨
까? 심 국장에 대한 반발심이 생기는 것은 물론이다. 지난 보고서
제출의 기억을 모두 쏟아내어 심 국장이 틀렸다는 것을 증명하고
싶어질 것이다. 이렇게 반발심이나 공격성이 생기는 것은 '말' 때
문이다. '매번', '한 번도'와 같은 극단의 말은 이를 듣는 상대방으
로 하여금 모욕감을 느끼게 하는 단어다. 당연히 사용하지 말아야
하는 말이다.

극단의 말은 상대와의 관계를 파탄으로 끌고 간다. 워싱턴주립
대의 존 가트맨(John Gottman) 교수는 30여 년간 부부의 대화를 관
찰하여 이혼 가능성을 예측하는 연구를 해왔다. 부부의 대화가 말

다툼으로 시작되거나 상대를 비난하는 말하기라면 그들은 이혼할 확률이 높다고 한다. 일상적 대화만을 보고 이혼 가능성을 94% 정확하게 예측한다. 왜 그럴까? 이는 칼릴 지브란(Kahlil Gibran)이 말한 것과 일맥상통한다. 칼릴 지브란은 '매번', '한 번도', '언제나'처럼 극단적인 단어를 사용하면 상대는 그것이 진실이라고 할지라도 분노한다고 말한다. 분노한 부부가 이혼으로 갈 가능성은 높게 마련이다.

상대방에게 진실을 강조하고 싶다면 차라리 정확히 숫자를 넣어서 이야기하도록 하자. "허 과장님 보고서가 늦어진 것이 벌써 두 번째입니다. 늦지 않게 보고해 주세요"와 같이 말이다. 이렇게 말하는 것은 비난한다고 생각되지 않는다. 말하는 사람의 감정이 들어가 있지 않다. 발생한 상황 자체에 초점을 두는 말하기이기 때문이다. 이러한 말은 상대방이 분노할 틈을 주지 않으며 문제 상황을 바로잡을 수 있게 한다.

독은 품지도 뿜지도 말라

직장생활을 하다 보면 상대방을 이기고 싶은 욕망이 생길 때가 있다. '내가 맞고 네가 틀리다'라고 말하고 싶을 때가 가장 그렇다. 또는 상대방을 평가할 때나 질책할 때도 비슷한 감정이 스멀스멀 올라온다. 그렇지만 반대로 나를 이기려고 하는 사람이나 나를 질책하는 사람을 만나게 되면 분노가 치민다. 공격성이 강해진다. 아무리 냉철하게 중용을 유지하려 해도 감정이 울렁인다. 분노의 감정이 폭발하면 마음속에서 독이 뿜어져 나온다.

상대방을 눌러 이기고 싶은 마음은 극단적인 단어를 찾게 만들고, 나의 생각을 강조하기 위해 상대의 말을 자르고 목소리를 높인다. 더 이상 대화나 소통이 아니다. 상대를 이기기 위해 그들의 말과 감정을 짓밟는 공격이다. 이겼으니 기쁘다고 생각하는가? 상대방을 짓밟고 공격해서 가지는 승리의 기쁨은 순간의 쾌락에 불과하다. 금세 사라져 버리는 잠깐의 우쭐한 감정이다. '역시 내가 맞아'라는 우쭐함은 깊은 감정이 아니기 때문에 오래가지 않는다.

사람의 뇌는 자신이 느꼈던 상처가 되는 말이나 경험을 '암묵기억'으로 기억한다. '내가 정말 멍청한 짓을 저질렀어'와 같은 스스로 보잘것없다는 생각이나 '당신이 한 일은 모두 엉망이야'와 같은 비난의 순간들이 있다. 이러한 일은 개인에게 매우 큰 상처의 순간이다. 우리 뇌의 편도체는 이러한 기억을 암묵기억으로 깊숙이 저장한다. 기억 속 깊은 곳에 자리 잡고 있기에 보통의 상황에서는 나타나지 않는다. 그렇지만 이때와 비슷한 상황에 처하게 되면 암묵기억은 부정적 감정으로 갑자기 폭발한다.

특정 단어, 어떠한 상황이 상대방의 암묵기억을 폭발하게 만들지 그 누구도 모른다. 나 자신도 나의 암묵기억이 무엇인지 모른

채 작은 것에 불같이 화를 내기도 한다. 따라서 상대방과 대화할 때는 암묵기억의 폭발로 인한 마음속 독을 뿜지 않도록 조심하자. 상대를 공격하는 직언 대신 상대를 존중하는 말을 쓰자. 또한 더 좋은 말이 없는지 항상 생각하고 말을 하자. 말이라는 언어표현은 항상 부드럽게 하고 긍정적인 단어를 사용하자. 때와 장소와 상황에 가장 적절한 말로 분쟁을 만들지 않는 중용의 말하기를 하자.

아프지 않기 위해
아프게 말하지 말자

───────◆───────

상대방을 공격하는 사람일수록
자신의 부족한 부분이 더욱 선명하게 드러난다.
_헨리 베비스

강하게 공격적인 말을 하는 사람은 보통 자신의 약함을 드러내고 싶지 않아서인 경우가 많다. 약하게 보이지 않으려고 강한 척하다 보니 말투도 공격적으로 변해가는 것이다. 또한 작은 일에도 쉽게 흥분하고 충동적으로 말을 내뱉는다. 일이 잘못되면 직장동료들을 탓하거나, 팀을 잘못 만났다고 하거나, 때려치운다는 말을 서슴없이 내뱉는 사람들이 바로 그런 사람들이다. 유난히 공격적으로 말하는 사람들을 잘 살펴보라. 강한 척하지만 의외로 부스러지기 쉬운 쿠크다스 멘탈을 가진 사람일 수도 있다.

충동적인 사람은 감정을 다루는 법을 잘 모르는 사람이다. 마음속이 부글거리면 화를 내기 전에 생각해야 한다. '내가 왜 마음이 안 좋지?', '내가 지금 진짜 원하는 것이 뭐지?', '지금 화를 내는 것이 맞는 걸까? 도움을 구하는 것이 맞는 걸까?' 생각은 자기 자신에게 하는 말이다. 잠깐 생각하는 것만으로도 감정을 선택할 시간을 벌 수 있다. 힘들고 어려울 때 '아프다'고 말하는 것만으로도 그 감정을 견디고 이겨내는 조절 능력이 향상된다고 한다. 만약 상처를 받아 힘들고 아프다면 상대방을 향한 공격이 아닌 '도움'을 요청하는 말을 하는 것이 맞다. 그것이 나를 사랑하고 아끼며 아픔을 이겨내는 가장 좋은 방법이다.

물론 어렵다. 나에게 모진 말을 하며 상처를 주는 사람을 쥐어뜯고 싶은 게 사람 마음이다. 그렇지만 내가 아프지 않기 위해 상대방을 더 아프게 하는 것은 성숙하지 못한 방법이다. 그럴 때는 '정말 그렇게 생각하시는 건가요?', '방금 그 말씀은 듣기가 불편하군요'라고 말해보자. 간단하게 '방금 뭐라고 하신 거죠?'라는 말이라도 해보자. 이런 말은 '당신이 나를 아프게 하려고 하고 있습니다. 그만하라'는 정중한 경고의 말이다. 상대방에게 아프지 않은 말을 해야 내게 돌아오는 것도 아프지 않은 말이다.

입 밖으로 말하지 않고 마음에 미움과 독을 품고 사는 것은 괜찮을까? 마음속 독은 나를 더 아프게 만든다. 입 밖으로 나가는 말은 상대를 향하지만 마음속 말은 나를 향하기 때문이다. 누구도 아닌 내가 계속 그 말을 듣고 있다. 직장동료를 진짜 동료로 생각하라. 이기고 지는 관계 혹은 내가 밟고 올라가야 하는 존재가 아니라 함께 협력하여 목표를 달성하는 파트너로 생각하라. 동료라는 생각은 공격도 무시도 아닌 중용의 말하기를 할 수 있는 기반을 만들어 줄 것이다.

직장생활을 하며 매일 기분 좋고 만나는 모든 사람이 좋은 말을 하지 않는다. 주고받는 말 속에 상처를 받기도 하고 상처를 주기도 한다. 그러나 상처를 받았다고 앙갚음을 위해 마음속으로 칼을 가는 생각을 한다면 하루하루가 지옥이고 절대 행복할 수 없다. 아프면 아프다고 말하고 위로를 받아라. 상처를 줬다면 사과하고 용서를 받아라. 즉각적인 감정으로 공격성을 높이면 공격은 돌고 돌아 다시 나에게 돌아온다. 어느 쪽으로도 치우치지 않는 중용의 말하기를 실천함으로 상대방도 살리고 나도 살리는, 상처 없는 말하기를 하자.

용서와 사과

미움을 버리고 용서와 사과를 하면
더 좋은 관계를 만들 수 있다

살아가는 과정 속에서 누구나 실수나 잘못을 한다. 잘못 한 번
하지 않는 완벽한 사람은 없다. 그러니 잘못을 했다면 자신의 잘
못을 솔직하게 인정하고 정확하게 사과해라. 그리고 같은 실수를
반복하지 않도록 노력하라. 그것이 잘못을 용서받는 가장 현명한
길이다. 사과는 진심에서 우러나오는 책임의 행동이다. 상대방이
진심을 다해 사과를 한다면 용서해줘라. 사과하기 위해 자신을 돌
아보며 고민하고 용기를 낸 그를 받아주는 것이다. 용서는 갈등을
해소하는 행동이며 상대방의 명예를 다시 살리는 일이다. 용서함
으로써 내가 가진 미움과 분노를 가라앉힐 수 있고 비로소 나의
상처도 치료할 여유가 생긴다.

미움은 나를 갉아 먹는다
용서하라

◆

미움은 암처럼 인성을 파괴하고 생기를 갉아먹는다.

_마틴 루터 킹 2세(Martin Luther King Jr)

　마틴 루터 킹 목사는 마음의 분노와 미움에 대해 조심하라고 말한다. 상대방의 말과 행동에 분노를 느껴 '눈에는 눈'으로 되갚는다면 우리는 모두 장님이 되고 말 것이라고 경고한다. 결국 모두에게 해가 된다는 말이다. 분노는 나 역시 장님으로 만들어 사실을 제대로 바라보는 것을 방해한다. 단지 지금의 분노를 상대방에게 풀어내고 싶게 만든다. 분노에서 빠져나와 상황을 바라볼 수 있어야 암처럼 퍼져나가는 미움의 감정을 추스를 수 있다.

　분노에서 빠져나오는 방법은 사과와 용서다. 그렇지만 나를 분노케 한 상대방을 용서하는 것이 굉장히 어렵다. 혹자는 자존심을 굽히는 것이라 생각하기도 한다. 그렇지만 분노에서 빠져나와야만 나와 상대방 모두를 건강하게 지킬 수 있다. 나의 말실수로 인해 상대가 몸과 마음에 상처가 생겼다면 반드시 사과해라. 상대의 분노를 덜어내는 유일한 방법이다. 이와 마찬가지로 상대방이 자신의 실수를 인정하고 사과한다면 받아들이고 용서해라. 그래야 나도 분노에 빠지지 않는다.

마하트마 간디(Mahatma Gandi)는 '약자는 용서하지 못한다. 강자만이 할 수 있다'고 말했다. 용서하는 것이 쉽지 않다는 의미이다. 용서하는 것이 어려운 만큼 사과를 하는 것 또한 쉽지 않다. 부끄럽고 어색하고 어쩌면 고통스럽기까지 한 것이 사과의 말을 전하는 순간이다. 상대방이 사과하고 있다면 상대방의 용기와 진심에 집중하자. 상처가 클수록 용서가 쉽지 않지만 용서를 통해 더 강한 사람이 될 수 있음은 분명하다.

사과는 자신의 잘못을 깨닫고 이에 대한 용서를 바라는 행동이다. 보통 사과할 때는 자신의 모든 가면을 벗고 진실한 모습이 된다. 사과하는 상대방의 진실한 모습에 감동되어 마음을 변화시켜 용서하게 되는 것이다. 굳게 닫혔던 문의 빗장이 풀리고 적의에 가득 찼던 몸이 무장 해제된다. 즉 사과의 진실함은 감정의 변화를 만드는 촉매제다. 이 효과는 사과를 하는 사람과 받는 사람 모두에게 적용되기 때문에 화해를 한 당사자들은 편안한 마음을 갖게 된다.

사과에도
타이밍이 있다

사과를 하면 모든 사건 사고가 사라지고 모두의

마음이 평안해지는가? 우리는 살면서 수많은 사과를 들었을 것이다. 돌이켜보면 상대방이 사과를 해도 내 마음이 내키지 않는 경우가 있다. 진심이 전해지지 않아서였을까? 그것은 사과의 타이밍을 놓쳤기 때문이다. 사과를 받는 사람이 온전히 상대방의 이야기를 받아들일 준비가 되어있을 때 사과해야 한다. 사과해야 한다면 최적의 사과 타이밍을 확인하고 진심을 전하자.

신시아 프란츠(Cynthia McPherson Frantz)와 커트니 베니그손(Courtney Bennigson)은 〈사과 타이밍이 사과의 효율성에 미치는 영향〉이라는 논문에서 가장 적절한 사과 타이밍을 실험했다. 그 결과 시간적 기준보다는 사과를 받는 사람이 충분한 감정 표출을 한 이후가 가장 좋은 타이밍임이 밝혀졌다. 상처를 받은 사람이 자신의 분노나 감정을 상대방에게 충분히 풀어놓은 뒤라야 사과가 받아들여진 것이다. 서운하거나 화난 감정을 충분히 들어주고 나서 미안함과 실수를 사과하고 용서를 구하라. 너무 빠르거나 너무 늦은 사과 혹은 사과를 하지 않는 경우 모두 사과가 제대로 받아들여지지 않았다.

사과 타이밍의 핵심은 상대방의 '받아들임'이다. 상대방의 마음이 아직 불같이 활활 타오르고 있는데 '미안해. 미안해'라는 빠른 사과는 소용없다. '내 감정은 무시한 채 자기 말만 하는군'이라며 사과를 사과로 받아들이지 않는다. 그러나 반대로 누군가와 부딪혔는데 상대방의 감정을 살피느라 사과를 미루고 있다면 '미안하다는 말도 안 하고 뭐야?'라는 원망을 듣게 된다. 기본적으로 사과는 '즉시', '진심으로' 하는 게 맞다. 다만 핵심은 상대방의 감정을 무시하지 않는 것이다.

누구나 실수나 잘못을 한다. 실수를 줄이려 노력하는 것보다 중요한 것은 실수를 하고 나서 사과를 잘 하는 것이다. 앞서 사과는 즉시 진심으로 해야 한다고 했다. 진심을 다해 사과를 한다고 구구절절 잘못을 열거한다거나 실수를 하게 된 원인을 길게 설명하는 것은 오히려 진심을 흐리게 한다. 진심은 짧고 명료하게 상대방에게 전달되어야 한다. '저의 실수입니다', '제가 잘못 판단했습니다', '제가 잘못했습니다. 죄송합니다', '다시 같은 실수가 생기지 않도록 하겠습니다'와 같이 잘못을 인정하는 사과는 진심이 느껴진다. 긴 설명은 사과가 아닌 변명이 된다는 것을 명심하기 바란다.

잘못을 인정하는
진정한 사과

◆

명예를 약화시키고 파괴하는 행위는
자신의 잘못을 알면서도 인정하지 않는 것이다.
_라모 비킨

36

진정한 사과라는 것은 어떤 모양새를 갖춰야 할까? 하버드대와 매사추세츠대 의대 교수를 거친 미국 정신의학 분야 권위자인 아론 라자르(Aron Lazare)는《사과 솔루션》이라는 자신의 저서에서 사과의 4단계를 설명한다. 첫 번째 단계는 인정, 두 번째 단계는 후회, 세 번째 단계는 해명, 마지막 단계는 보상이다. 이 네 가지 과정을 따라 잘못을 인정하고 용서받는 진정한 사과에 대해 알아 보자.

먼저 사과의 첫 번째 단계인 인정이다. 사과는 자신의 잘못이나 실수를 알아차리고 이를 인정하는 것에서부터 시작한다. '인정'은 자신의 잘못에 대해 책임을 지겠다는 마음 자세다. 정중하게 자신의 잘못에 대해 시인하라. 다른 사람이나 상황에 핑계 대지 마라. 상황이 어찌 되었든 잘못은 '내가' 한 것이다. 그러므로 핑계가 아닌 인정을 제대로 하자. 진심으로 인정하는 자세를 보는 것만으로도 상대방은 용서의 마음을 가질 수 있다.

두 번째 단계와 세 번째 단계는 각각 후회와 해명이다. 후회가 사과의 단계인 것이 의아할 수도 있다. 마음속으로 하는 것이 후회가 아닐까 하겠지만 사과를 할 때 후회한다는 것을 상대에게 알리는 것이 좋다. '이런 결과를 만들게 된 그때의 선택을 저도 후회하고 있습니다'와 같이 후회하고 있다는 표현은 잘못의 인정과 사과의 진심을 상대방에게 전달한다. 후회에 이어 해명을 해라. 단, 해명은 변명이 되지 않도록 가능하면 짧고 객관적으로 하라. 실수를 개선하겠다는 의지 표현과 행동의 변화 노력 정도가 좋다. 길 어지면 변명이 된다.

마지막 단계인 보상이다. 사과를 받으려면 보상을 하라는 말로 들릴 수 있지만 보상은 금전적인 보상만을 말하는 것이 아님을 이 해하자. 보상을 어렵게 생각하지 말자. 내가 할 수 있는 일 중에 상대방에게 보상이 될 만한 것들을 찾아보라. "제가 어떻게 하는 것이 좋을까요?"라고 물어봐도 좋다. 상대방이 원하는 것을 약속 하는 것으로 보상을 결정하면 상대방도 용서의 카드를 꺼낸다. 사 과를 제대로 하고 용서받는 것이 무너진 관계를 다시 이어가는 최 고의 방법이다.

사과한다는 것은 생각처럼 쉽지 않다. 그렇지만 누군가에게 잘 못을 하여 상처를 주었다면 반드시 사과하고 용서를 받아야 한 다. 그것은 나의 말에 대해 책임을 지는 것이며 상처받은 상대방 에 대한 예의다. 직장생활을 하며 누구나 상처를 주기도 하고 상 처를 받기도 한다. 상처를 받으며 분노한 감정은 사과와 용서를 통해 사그라든다. 또한 사과를 받고 용서를 하며 상처는 치유된 다. 무너진 명예를 다시 쌓고 관계를 잇는 것도 사과와 용서로써 가능하다.

감정

모든 결정은 감정에 달려있으므로
감정을 잘 다스려야 한다

우리는 흔히 매우 이성적이고 논리적으로 말하는 사람이 설득력도 있고 사람과의 관계도 잘 만들어갈 것이라 생각한다. 그렇지만 실제로는 그렇지 않다. 오래도록 함께 이야기 나누고 싶은 사람은 이성적인 사람이 아니다. 나의 마음을 편안하게 해주는 사람이다. 나의 감정이 편안하지 않은 경우 잘못된 선택과 결정을 내릴 수 있다. 분노에 휩싸여 진실을 듣지 못하고 파멸의 길에 들어선 오셀로의 결정이 그랬듯 감정은 우리의 모든 결정을 뒤바꿀 수 있다. 상대방의 이성이 아닌 감정을 잘 다스려라. 모든 결정은 감정에 달려있다.

신체 반응이
감정을 만든다

　　당신은 슬프고 힘든 일이 있을 때 시간을 어떻게 보내는가? 사랑을 잃고 힘든 사람은 하루 종일 방에 누워 눈물을 흘리거나 먼 산을 보며 지난 사랑의 추억을 돌이켜 본다. 그러면 삶은 더더욱 슬퍼지고 왜 헤어지게 되었는지 내가 무얼 잘못했는지 등의 생각으로 가득 찬다. 반면 아르바이트를 가야 한다거나 생업을 위해 무언가 하지 않으면 안 되는 사람들은 슬프고 힘들어도 몸을 움직인다. 그러면 신기하게도 바쁘게 일하거나 움직이는 시간 동안 슬픔도 조금 무뎌진다. 슬프지 않아서가 아니다. 잠시 내려놓는 것이다.

　슬퍼서 눈물을 흘리는 것인지 눈물을 흘리기 때문에 슬픈 것인지에 대한 궁금증을 정리한 이론이 있다. 철학자 윌리엄 제임스(William James)와 신경학 의사인 칼 게오르그 랑게(Carl Georg Lange)는 '제임스-랑게' 이론을 정리했다. 이 이론에서 그들은 자극〉정서〉신체적 변화의 순서가 아니라 자극〉신체적 변화〉정서의 순이라고 주장한다. 즉 정서적 느낌을 받기 전에 자율신경의 흥분과 골격의 반응이 먼저 일어난다는 것이다. 신체적 각성이 발생되지 않거나 뇌가 반응을 알아채지 못하면 정서를 느끼지 못한다고 한다.

　심리학자인 빅터 프랭클의 책 《죽음의 수용소에서》에서 그는 죽음을 면하는 방법에 대해 말한다. 죽음을 결정하는 사람은 혈색이 없고 약하고 병든 사람으로 보이는 사람을 가스실로 보낸다. 그는 매일 면도를 했다. 뺨을 문지르거나 피를 내서 얼굴에 바르기도 하면서 혈색을 좋아 보이게 했다. 왜 그랬을까? 사람들을 죽음으로 보내는 결정을 하는 사람의 선택을 되돌리기 위해서다. 그는 가스실로 보내지지 않았을 뿐만 아니라 살아서 돌아왔다. 스스로를 일으켜 세우는 신체 반응을 계속 했기 때문에 강한 의지라는 감정을 가질 수 있었다.

감정은 나의 선택과 결정에 큰 영향을 준다. 제임스-랑게 이론에 따르면 그 감정은 신체적 반응에 의해 변화된다. 직장에서 사람들을 만나 좋은 관계를 유지하려면 동료를 자주 돌아보고 주변을 깔끔하게 정리하는 습관을 들이자. 동료를 자주 돌아보는 습관은 나의 도움이 필요하거나 내가 도움을 받을 수 있는 사람을 잘 파악하게 한다. 평소 나만 알아달라고 하지 말고 주변에 관심을 기울여라. 또한 주변이 어수선하고 지저분한 사람의 조언은 신뢰하기 어렵다는 점을 명심해라. 명쾌한 답을 할 것 같은 사람은 주변이 깔끔하게 잘 정리되어 있는 사람이다.

감정에 따라
결정도 달라진다

―――――――◆―――――――

결정의 90%는 감에 근거한다.
감성을 동기로 작용한 다음, 행동을 정당화하기 위해
논리를 적용한다. 그러므로 설득을 시도하려면
감성을 지배해야만 한다.

_데이비드 리버만(David J. Lieberman)

　심리학자인 데이비드 리버만 박사는 그의 저서《내 감정에 잡
아먹히지 않는 법》에서 '괴로운 생각에 밥을 주지 마라'라고 하면
서 감정을 다스리는 것에 대해 강조한다. 우리의 일, 관계, 자존감
선택의 흥망을 좌우하는 요소가 바로 '감정'이라고 말한다. 감정
이 어떻게 달라지느냐에 따라 일을 대하는 태도가 달라지고 어떤
선택을 하는지가 달라질 수 있다는 말이다. 특히나 잘못된 생각과
감정에 밥을 주며 키운다면 우리는 감정에 잡아먹히게 되고 결국
원치 않는 길을 걷게 될 수도 있다.
　상대방의 감정을 어루만지는 대화란 어떻게 해야 하는 것인가?
잘못된 말이나 행동을 보고도 상대에게 좋은 말을 하라는 것인
가? 물론 그렇지 않다. 말투가 부드럽고 존댓말을 한다고 해서 그

와의 대화가 편안해지며 좋은 감정이 생기는 것은 아니다. 감정을 헤아리는 대화란 상황에 적절한 말을 하는 것을 핵심으로 한다. 상대방이 편안하게 자신의 이야기를 풀어 놓을 수 있게 하거나 내가 상대방의 마음을 울리는 진심을 말할 때 가능하다. 대화는 주고받는 것이기에 서로의 상황을 살피는 것이 필요하다.

존 록펠러(John Rockefeller)라는 미국 석유왕의 일이다. 세간의 이목을 끄는 부자였으므로 그의 아들 또한 언론에 노출되는 경우가 있었다. 이때 록펠러는 아들의 사진이 신문에 실리지 않게 하기 위해 기자들의 마음을 움직이는 대화를 했다. "아이의 얼굴이 만천하에 공개되는 것이 바람직하지 않다는 것은 이곳의 모든 아버지들의 똑같은 마음이라 생각합니다"와 같이 말하자 기자들은 그 아들의 사진을 신문에 싣지 않았다. 만약 그가 "제 아들의 사진을 싣지 마시오. 그건 잘못된 일이오"라고 했다면 기자들은 스스로 사진을 거둬들였을까? 이것이 감정을 어루만지는 말의 힘이다.

리버만 박사의 말대로 우리는 모든 결정 중 90%를 넘는 비율로 감정에 좌우된다. 즐겁고 기쁜 마음이 들 때는 작은 오해나 실수를 웃어넘길 수 있는 힘이 있다. 그러나 나의 마음이 바쁘고 옹졸해지는 날에는 눈에 거슬리는 일들이 많고 이를 편안히 넘기기 어렵다. 상대방과의 대화에서도 마찬가지다. 그의 이야기를 수용하고 공감하는 대화가 가능한 것은 나의 마음이 편안하고 즐거운 감정이 가득할 때이다. 나와 이야기하는 상대방도 똑같다는 것을 기억하자. 나와 대화하는 상대방의 몸과 마음이 모두 긍정적인 감정을 가질 수 있도록 하자. 그래야 마음을 어루만지는 감정 대화가 가능하기 때문이다.

감정을 이끌기 위한 테크닉

상대방의 감정은 어떻게 바꿀 수 있을까? 상대방의 감성을 어루만지는 확실한 방법은 오감을 자극하는 것이다. 이성보다 감성을 건드리는 것은 오(五)감각이다. 보기 좋은 것, 듣기 좋은 것, 좋은 냄새, 좋은 맛, 좋은 느낌을 주면 마음도 안정되고 기분도 좋아진다. 대화할 수 있는 문이 살짝 열린다. 오감 중 좋은 냄새와 좋은 맛, 좋은 느낌과 좋은 소리까지 한 번에 해결할 수 있다면 시도해보지 않을 이유가 없다. 그것은 바로 함께 맛있는 것을 먹는 일이다. 눈, 코, 입, 귀, 느낌까지 모든 것을 만족시킬 수 있다. 물론 상대방의 취향에 맞아야 하겠다.

그래서였을까? 사람의 마음을 움직이거나 설득을 해야 할 때 무언가를 함께 먹는 방법을 활용한다. '런천 테크닉(luncheon technique)'이라고 말하는데 우리도 '함께 점심 먹기 기술'을 활용해 보면 좋겠다. 요즘 좀 껄끄러워진 직장동료가 있다면 가볍게 점심을 함께 해보라. 단, 점심을 먹으면서 즐거운 기억을 떠올리는 가벼운 대화만 나누자. 함께 식사를 하는 것은 친밀감을 높이고 감정을 긍정적으로 만드는 데 매우 효과적이다. 음식이 맛있다면 그 효과는 더더욱 좋다.

감정을 어루만지는 대화는 시간을 넉넉히 가져라. 상대방이 "요즘 ~문제 때문에 힘들어요"처럼 당신에게 마음을 열고 질문했다고 하자. 질문이나 어려움을 듣자마자 온갖 조언과 제안들을 쏟아낸다면 상대방은 어떤 생각이 들까? 입장을 바꿔서 생각해보라. 아마도 자신의 마음이 전달되었다는 느낌은 아닐 것이다. 나의 마음이 힘들다는 것을 알아줬으면 하는 마음이 크다. "너무 힘들었겠네"라는 말이나 "그랬구나" 하는 끄덕임이나 상대방의 손등을 쓸어주는 작은 행동만으로도 상대방의 감정을 만져줄 수 있다. 문제의 해결 방법보다는 따뜻함을 전달받고 싶은 것이다.

상대방의 감정을 긍정적으로 만들려면 상대방의 감정을 잘 들여다보는 것이 중요하다고 강조한다. 만약 상대방의 마음 상태가 불편하거나 긍정적이지 않다면 감정부터 바꿔야 한다. 그게 먼저다. 하고 싶은 말은 그다음에 해도 늦지 않다. 나의 표정과 비언어적 표현을 살펴봐라. 나의 작은 눈 찌푸림에도 상대는 마음의 문을 닫을 수 있기 때문이다. 상대방에게 안전감과 편안함을 주는지 확인하면서 대화를 이어가 보자. 서로 안정적인 감정을 유지한다면 그와 더 편안한 관계로 갈 수 있다.

내 감정을 숨기고 상대와 좋은 대화를 할 수 있을까? 감정은 숨기기 어려울 뿐만 아니라 전염되기도 쉽다. 내가 상대에게 나쁜 감정을 가지고 있다면 분명 말투나 행동에 묻어난다. 이를 보고 들은 상대방 또한 나에 대해 좋은 감정을 갖기 어렵다. 직장에서 마음에 들고 좋은 사람만 만나겠냐마는 모든 사람과의 관계에서 감정을 긍정적으로 가지는 노력을 해야 하는 것은 필수다. 나의 결정도 상대방의 결정도 모두 서로에게 갖는 감정에 달려있다. 감정을 다루고 자극하는 것이 이성적으로 설득하는 것보다 빠르고 강하다.

미움받을 용기

모든 사람들의 사랑을
받을 수 있는 사람과 말은 없다

누군가에게서 미움을 받아 본 적이 있는가? 미움받는다는 것은 고통스러운 일이다. 그렇다면 미움받지 않기 위해 애쓰고 노력해야 하는 것일까? 그런 노력은 나의 거짓된 모습을 만들어 낼 뿐이다. 세상 모든 사람에게서 사랑받을 수 없다는 것을 깨닫자. 나 또한 모든 사람을 사랑하지 않는다. 좋은 사람이 있는 반면 잘 맞지 않는 사람도 있고 미운 사람도 있다. 다른 사람들도 마찬가지다. 나를 미워하는 사람도 있으려니 하고 자연스럽게 지나쳐라. 나를 사랑하고 아껴주는 사람이 더 많다는 것을 알고 그들에게 더 집중해라. 그리고 미움받아도 괜찮도록 나 자신에게 용기를 줘라.

착함은
미성숙함일 수 있다

◆

자유란 타인의 기대나 평가에 영향을 받지 않고

자신이 원하는 삶을 살아가는 것이다.

사람은 다른 사람을 행복하게 만드는 존재가 아니다.

다른 사람의 행복은 그 사람의 몫이다.

_《미움받을 용기》 중에서

우리에게 잘 알려진 책《미움받을 용기》에서는 인간관계의 어려움을 느끼는 부분에 대해 철학적 대안을 제시한다. 작가인 고가 후미타케는 독자에게 '아들러의 심리학을 알고 인생의 무게를 덜어내는 자유와 해방감을 전하고 싶었다'고 말하기도 했다. 직장생활을 하면서 관계의 어려움을 느끼는 우리에게 용기를 주는 대목이 있다. 과거 트라우마를 부정하고 현재의 목적에 집중하라는 말이다. 가령 '예전에 내가 따돌림을 당해서', '과거에 내가 큰 잘못을 했기 때문에' 등등 과거의 일 때문에 사람 앞에 선뜻 나서지 못한다면 '과거는 과거일 뿐이다'라고 지나치라는 말이다. 우리는 현재의 새로운 일에서 완전히 다른 새로운 성과를 이룰 수 있다.

타인의 시선에서 벗어나야 변화할 수 있다. '다른 사람들이 어떻게 생각할까?', '이런 말, 이런 행동을 싫어하면 어쩌지?' 등의 생각에 휩싸이다 보면 아무것도 할 수 없고 주변의 눈치만 보게 된다. 상대방이 좋아할 만한 일만 하게 되고 나를 싫어하거나 비난받을 일은 피하게 된다. 상대방의 호감을 위해 내가 원하는 것이 아닌 일을 하는 것이 얼마나 슬픈가? 직장에서 하고 싶은 말을 못 하고 있다면 원인을 살펴보자. 타인의 평가에서 벗어나야 진정 나다운 말을 할 수 있고 자유로움을 느낄 수 있다.

'착하다'는 단어에 갇히지 말라고 말하고 싶다. 착하다는 것은 무엇을 말하는가? 다른 사람의 의견에 휘둘려 끌려가는 것이 착한 것인가? 내 주장이 강하면 착하지 않은 것인가? 전혀 그렇지 않다. 내가 일하는 목적을 분명히 하고 행동하는 것은 정당하다. 행여 누군가 나를 비판하더라도 '그것은 정확한 말이 아닙니다'라고 나의 의견을 표시하라. '직장동료들이 싫어하나 봐. 그럼 이 일은 하지 말아야겠어'라고 생각하는 건 착한 게 아니다. 의견 수렴도 배려도 아니다. 성숙하지 못한 것이다.

아직 미숙한 아이들은 어른들의 말을 그대로 따른다. 다른 사람의 말을 그대로 따르는 것은 미숙함일 뿐 착한 것이 아니다. 비판적 사고를 하려고 노력하고 나의 의견과 생각을 표현하자. 당신이 아무 생각 없이 다른 사람의 말을 그대로 따르는 미숙함을 보이지 않기 바란다. 미움받지 않고 사랑받기 위해 나 자신을 속이며 상대방이 원하는 행동만 하는 것은 불행한 일이다. 만약 나의 말과

행동에 실수가 있고 상대방의 비판이 맞으면 상대를 인정해라. 그
렇지만 자기비판에 빠지지는 말라. 당당하게 나 자신을 용서하라.
그것이 진정한 성숙함이다.

모든 사람에게
사랑받을 수는 없다

———————◆———————

행복해지려면 미움받을 용기도 있어야 한다.
그런 용기가 생겼을 때 인간관계는 한순간에 달라진다.

_알프레드 아들러(Alfred Adler)

　모든 사람에게 사랑받을 수는 없다. 착각을 버리자. 대중에게
사랑을 받는 스타도 모든 사람이 좋아하지는 않는다. 보통의 삶을
사는 우리는 더더욱 그렇지 않겠는가? 미움받을 용기라는 것은
나와 다른 상대방의 의견에 "그래! 괜찮아. 생각이 다르구나. 어쩔
수 없지 뭐"라고 말하는 것이다. 생각이 다르거나 서로를 좋아하
지 않는 상황을 쿨하게 인정하는 것이다. '왜 나를 싫어하나요? 어
떤 점이 싫은 건가요? 나를 좋게 봐주세요'라고 애원한다고 달라
질 게 있을까?

물론 나를 싫어하는 사람이 있다는 것이 기분 좋지는 않다. 나를 싫어하는 것은 상대방이지 내가 아니다. 그렇지만 그 상처를 마음속에 깊게 키워가며 자기 자신을 벼랑 끝으로 몰아붙이는 것은 나다. 나를 사랑하고 돌보자. 나를 싫어하는 사람이 있다면 잠시 거리를 두라. 그 사람으로 인해 다른 동료들과의 관계도 망치지 말라는 의미다. 상처가 아프더라도 다른 사람들과 관계를 이어가라. 상처만 바라보며 아파하는 것은 도움되지 않는 시간 낭비다. 이때 진짜 용기가 필요하다. 미움받아도 괜찮은 마음을 갖는 용기 말이다.

직장생활을 하다 보면 억울하고 답답할 때가 생긴다. 내가 한 일이 아닌데 나의 뜻은 그게 아니었는데 상황이 좋지 않게 흘러가기도 한다. 억울하기도 하고 상사의 편협함이나 말 바꿈으로 인해 답답할 때가 한두 번이 아닐 거다. 희망을 잃고 상처받거나 지쳐 쓰러질 수도 있다. 그렇지만 잊지 말라. 그럴 때일수록 더 나답게 용기를 내어 더 나답게 나아가는 것이 필요하다. 아무도 몰라준다고 생각지 말라. 누군가는 알고 있고 당신을 응원하고 있다. 용기를 가져라.

바람이 불어오는 것을 막을 수는 없다. 폭풍에 밀려오는 큰 파도를 거부할 수는 없다. 막을 수 없고 피할 수 없다면 받아들이자. 대신 희망을 버리지 말라. 바람은 언젠가 잦아들 것이고 파도는 잔잔해질 것이다. 나를 싫어하는 사람이 아닌 나를 사랑하고 아껴

주는 사람에게 집중하자. 좋은 사람을 곁에 두고 그들과 즐거움을 나누라. 그들은 내가 무너져 쓰러지지 않도록 도와줄 것이다. 필요하다면 그들에게 부탁하고 요청해도 된다.

힘들 땐 도움 요청과
자기 위로가 필요하다

직장생활을 하며 우리는 얼마나 많은 사람을 만날까? 그중 나와 같은 생각을 하는 사람은 단 한 명도 없다는 것을 알아야 한다. 100인 100색 모두 다르다는 말이다. 나를 아프게 하는 사람도 있지만 아픈 나를 위해 달려와 안아주는 사람도 있다. 아무리 정글 같은 직장이라도 이런 사람은 있게 마련이다. 아픈가? 아프다고 말해라. 도움이 필요하다고 말해보라. 돕는 손길이 내게 닿을 것이다. 상처를 꽁꽁 숨기고 홀로 괴로워 말고 "도와주세요"라고 말하는 용기를 가져보라.

성격이 강하다고 마음도 강한 것은 아니다. 유난히 마음을 잘 다치는 사람이 있다. 작은 상처도 쉽게 낫지 않고 크게 아파하는 사람은 마음의 힘이 약한 사람들이다. 반면 웬만한 말에는 상처 입지 않는 마음이 강한 사람들도 있다. 마음의 힘이 강해지면 사람들에게 상처를 받았더라도 금방 툭툭 털고 일어설 수 있다. 어떻게 해야 마음에 힘이 생길까? 사랑과 위로를 많이 겪어보라고 말하고 싶다. 나에게 사랑을 주는 사람에게서 따뜻함과 든든함을 느낀다. 이와 반대로 내가 힘들고 어려워질 때 격려와 좋은 말들로 위로를 받는다. 사랑과 위로는 마음을 키우고 힘을 준다. 비슷한 상처가 왔을 때 금방 일어설 수 있게 한다.

타인에게서 사랑과 위로를 받으며 마음의 힘을 키우는 것도 좋겠지만 스스로에게 사랑과 위로를 주는 것도 대단히 중요하다. '자기 위로'라는 방법으로 힘들고 상처 입은 나 자신에게 사랑과 위로를 주는 것이다. 나 자신을 안아주는 포즈를 하면서 "힘들고 지쳐도 나 자신을 사랑해"라고 말해보자. '그럼에도 나는 나를…' 이라는 말로 스스로에게 따뜻한 위로의 말을 전해주는 것이다. 주변의 좋은 사람과 연결되지 못하고 있다면 내가 나를 '자기 위로' 해주자.

◆

지쳤어요. 어디서부터 잘못된 건지 모르겠는데 그냥 지쳤어요.
모든 관계가 노동이에요.
눈 뜨고 있는 모든 시간이 노동이에요.
_JTBC 〈나의 해방일지-염미정 대사〉

염미정처럼 매일 지치고 힘든 직장생활이 이어지고 있는가? 그렇다면 주변에 요청해라. 나의 지난날에도 사람에 상처받고 지쳐 쓰러져 손끝도 들 수 없을 만큼 힘이 든 나날이 있었다. 아무리 홀로 끙끙거려도 해결되지 않았다. "나 좀 도와주세요", "나 너무 힘들어"라고 말하며 주변에 매달렸다. 이렇게 말하는 순간 혼자라고 생각했던 시간이 바로 사라진다. 우리 주변에는 나를 도와줄 사람이 있다. 누군가의 불행과 고통을 돕고자 하는 사람은 반드시 있다. 요청하면 도움을 받을 수 있다. 용기 내어 '아프다'고 말해라.

나를 아프게 하는 사람도 직장에 있지만 나를 위로하고 내게 도움의 손길을 내미는 사람도 가까이 있더라. 아무도 없이 홀로 상처에 뒹굴고 있다고 생각지 말자. 다만 잊지 말아야 할 것은 아프고 힘들 때 도움을 요청하라는 것이다. 요청하면 돕는 사람이 반드시 있다. 요청에 앞서 무엇보다 나를 싫어하는 사람을 그냥 두라고 말하고 싶다. 세상에는 나를 싫어하고 미워하는 사람도 있고 나를 사랑하고 아끼는 사람도 있다. 많고 많은 사람이 모여 있는 세상에 어떻게 나를 좋아하는 사람만 있겠는가. 미움 좀 받으면 어쩌랴. 미움받을 용기를 가져라.

고르디우스 법칙

좋지 않은 관계와 감정은
과감하게 끊어버려야 한다

인간은 상호관계로 묶어지는 매듭이고 거미줄이며 그물이다.
이 인간관계만이 유일한 문제이다.

_생텍쥐페리(Saint-Exupéry)

좋은 사람과 좋은 관계만 맺고 산다면 얼마나 좋겠는가? 하지만 현실의 우리는 너무도 다양한 사람과 관계를 맺고 있다. '어떻게 저런 생각을 하지?' 싶은 사람이 한둘이 아니다. 그런 사람과의 대화는 감정의 끈을 복잡하게 꼬아 묶는다. 점점 꼬여버리는 감정은 결국 풀기 힘든 마음의 매듭을 만들고 만다. 감정의 매듭은 상대방과의 좋은 관계를 방해한다. 그러므로 매듭을 만들지 않도록 감정관리를 해야 한다. 이미 생긴 감정의 매듭은 하나하나 풀려고 노력해도 풀기 어렵다. 만약 이미 매듭이 생겼다면 과감하게 끊어내자. 그것만이 가장 확실한 방법이다.

끊어내는 것이 최선인 매듭도 있다

관계는 '맺는다' 또는 '엮인다'고 표현한다. 마치 줄이 묶이거나 얽힌 이미지가 떠오른다. 관계란 평평하게 서로 부딪히는 것이 아니다. 서로의 마음과 감정이 꼬이고 엮이는 것이다. 어떤 관계는 너무나 복잡하게 얽혀서 매듭으로 단단히 묶이기도 한다. 직급이 존재하는 직장이나 선후배가 명확한 학교나 군대 같은 집단은 힘의 균형이 기울어질 수밖에 없다. 수평적이지 않은 관계는 힘을 가진 자의 압력에 의해 감정이 사슬처럼 엉키기 쉽다. 사슬처럼 매듭진 감정의 고리는 한 번 만들어지면 쉽게 풀리지 않는다.

매듭에 관한 옛이야기가 있다. 고르디움이라는 곳에 고르디우스의 전차가 있었다. 이 전차에는 복잡하게 얽힌 매듭이 있었는데 이 매듭을 푸는 사람이 아시아를 정복한다는 전설이 내려오고 있었다. 그렇지만 매듭이 너무 복잡해서 아무도 풀지 못했다. 그러던 어느 날 알렉산드로스 대왕이 이 전설을 듣고 과감한 방법으로 단번에 해결했다. 어떻게 했을까? 알렉산드로스 대왕은 이 매듭을 단칼에 잘라버렸다. 풀기 어려운 매듭은 참거나 애쓰지 말고 단칼에 잘라버려야 해결된다. 감정의 매듭도 마찬가지다.

매듭이 만들어지는 감정은 어떤 것들이 있을까? 나의 감정을 참을 수 없게 뒤흔드는 매듭의 원인을 알아채고 피해보자. 나의 불편한 마음을 들썩거리게 만드는 말은 '…일 거야' 말투다. 정확한 확인보다는 심증으로 주변을 부추기는 '쟤는 분명히 자기 이익을 취했을 거야', '아마도 딴생각이 있었을 거야' 등의 말은 분노의 감정을 들끓게 만든다. 또한 나를 평가하거나 의심하는 말을 떠벌리는 말도 감정을 매듭지게 한다. 원망하는 말투나 지적의 말도 상대방과의 감정을 얽어매고 만다.

이런 말들을 듣고 감정이 상한 채 참아내고 있는가? '참다 보면 괜찮아지겠지', '언젠가 진심을 알아주겠지'라고 스스로를 주저앉히고 있다면 당장 멈춰라. 감정의 사슬은 참는다고 참아지지 않는다. 내 마음만 점점 더 아프다. 고통은 더해지고 상대방과의 관계는 악연으로 치닫는다. 감정은 워낙 복잡한 것이어서 하나하나씩 떼어내서 풀 수 없다. 고르디우스의 매듭처럼 '과감하게' 단칼에 잘라버리자. 한 번에 끊어내는 것이 매듭을 푸는 최고의 방법이라는 것을 기억하자.

좋은 것은 좋은 것을
나쁜 것은 나쁜 것을
끌어당긴다

사람의 감정은 기쁨, 행복, 사랑, 이해, 존중 등 좋은 감정이 있고 두려움, 분노, 질투, 의심 등의 나쁜 감정이 있다. 하나의 감정만으로 살아가는 사람은 없다. 상대방과의 관계 맺음에서도 우리는 여러 가지 감정을 두루 사용한다. 그렇지만 자세히 살펴보면 긍정의 감정을 많이 활용하는 사람은 상대방에게 긍정적인 감정을 유도한다. 반면 부정적인 감정을 사용하는 사람은 상대방에게서도 부정적인 감정이 쏟아질 것을 알지 못한다. 상대방에게 즐겁고 행복한 감정을 전달하는 것이 나에게도 즐거운 감정으로 돌아온다는 것을 알아야 한다.

직장에서 가벼운 생각으로 누군가의 험담을 하고 있는가? 그저 가볍게 생각하고 동조하고 있는가? 그렇다면 당장 그 진흙에서 발을 빼라. 내 몸에도 더러운 진흙이 묻는다는 것을 알아채라. 타인을 향한 날카로운 말은 그 말을 들은 상대방이 다시 내게 더 날카로운 말로 되돌려 줄 수 있다. 장난스러운 비방이 칼날이 되어 나를 향해 돌아오는 것이다. 좋은 말과 좋은 감정은 좋은 관계를 만들고 악한 감정은 나쁜 관계를 만드는 원인인 것을 잊지 말라.

이 같은 말은 스스로의 긍정적인 감정을 관리하는 중요성을 뜻하기도 한다. 나 스스로에게 화를 내고 질타와 비난을 하는 것은 나 자신에게 부정적인 감정을 전달하는 행동이다. 부정적인 감정은 부정적인 것들을 불러온다고 말했다. 스스로 못났고 잘못된 선택을 했으며 많이 부족한 사람이라고 말한다면 어떻게 될까? 나는 점점 더 부족하고 모자란 사람으로 느껴진다. 의기소침해지고 자신감과 자존감은 바닥을 치게 된다. 그런 사람이 일을 잘하게 될 리 없다. 나에게 부정적인 먹이를 주지 말라. 긍정의 언어와 긍정의 감정만을 부어줘라. 내가 나를 사랑하는 것이 가장 소중하다.

캄캄한 어둠 속에서는 한 발을 내딛기가 두렵다. 설령 한 발 앞에 모든 것을 밝혀줄 밝은 등불이 놓여있다 해도 그 한 걸음을 걸을 수 없다. 나를 힘들게 하는 상대방이 내 앞에 있다면 나는 불편한 감정으로 그와는 아무것도 할 수 없게 된다. 부정적인 감정에 휩싸여 있기 때문이다. 부정적인 감정을 끊어내고 내가 바라는 목표에 집중하는 노력이 필요하다. 매듭을 끊어내기 어렵다면 저만치 쓰윽 밀어두고 쳐다보지 말자. 진흙을 묻히지 않으며 내 마음의 평화를 위해 할 수 있는 것들을 하자.

끊어내야만 하는 사람들:
나르시시스트, 무기력 확산자, 선무당
그리고 짜증 내는 사람

좋은 말을 나누며 긍정적인 감정을 상대방에게 전달하려 노력하지만 살다 보면 의도치 않게 정말 나쁜 사람을 만나기도 한다. 만약 매일 직장에서 만나는 사람이 정말 나쁜 사람이라면 어떻게 해야 좋을까? 답은 정해져 있다. 무조건 거리를 두어라! 내가 그들을 바꿀 수 있다는 착각은 금물이다. 가까이 있다가 마음을 다치지 않도록 멀리하여 나를 보호하는 것이 가장 좋은 방법이다. 정말 피하는 것이 좋은 사람의 몇 가지 유형을 살펴볼 테니 그들의 부정적인 영향에 피해를 입지 않도록 조심하라.

첫 번째 유형은 '나르시시스트'이다. 자기애가 매우 강한 사람으로 '내가 원하는 것이 그 무엇보다 중요한 사람'이다. 그들은 원하는 것을 얻기 위해 윤리 의식을 버릴 수 있고 속임수도 쓴다. 그리스 신화의 나르키소스에서 유래된 이 말은 자신이 매우 우월하다고 생각하는 사람이며 타인에게 우러러보이고 싶은 욕망이 강하다. 마키아벨리(Machiavelli)의 《군주론》에서 말하는 '수단과 방법을 가리지 않고 다른 사람을 조종하려는' 마키아벨리즘과 일맥상통하는 사람이다. 나르시시스트는 주변 사람을 보지 않는다. 오로지 자신의 성공과 자신이 최고가 되는 것에만 관심이 있다. 일로 엮였다면 내가 한 일과 그가 한 일을 문서나 말로 명확하게 정리하라. 그래야 나의 성과를 빼앗아 가지 못한다. 주변 사람들을 자신의 도구로 만드는 데 뛰어나기 때문이다. 나르시시스트를 만났다면 반드시 피하는 것이 좋다.

두 번째 끊어내야 할 사람은 '무기력한 사람'이다. 무기력한 사람은 홀로 무기력하고 마는 법이 없다. 반드시 주변으로 무기력을 확산시킨다. 주변 사람도 온통 무기력하게 만드는 어두운 힘을 가지고 있다. '너무 힘들어서 더 이상 못 하겠어요', '이건 불가능해요', '그게 되겠어?' 이런 말을 입에 달고 사는 사람이 있다. 직장에서 이런 부류의 사람은 반드시 있다. 무기력 확산자는 의욕적으로 일해보고자 하는 동료들의 에너지를 뽑아 먹는다. 물귀신처럼 함께 깊은 암흑 속으로 침잠하자고 끌어당긴다. 무기력 확산자들은 자신이 무기력하게 말을 했을 때 이득을 본 경험이 있었기 때문에 이 방법을 계속 쓰고 있다. 힘들다고 말하면 일을 덜어주거나 쉴 수 있게 되었던 경험들이 그것이다. 직장에서 무기력한 말을 하는 사람이 있다면 무기력으로 해결되는 것이 없다는 것을 알게 해주는 방법을 써보라. 그렇지만 그들을 바꿀 수 있다고 맹신하지는 말자. 이들은 우리가 끊어내야 할 사람이다.

세 번째로 우리가 단칼에 끊어내야 할 사람은 '선무당'이다. '선무당이 사람 잡는다'고 할 때의 그 선무당이 맞다. 심리학에서는 이런 선무당을 '더닝 크루거(Dunning-Kruger)'라고 하는데 자신의 능력을 과대평가하는 것을 말한다. 정확한 지식 없이 어디선가 들은 일부분의 지식으로 자신이 다 아는 것처럼 말하는 사람이 선무당이다. 선무당이 직장 상사로 있다면 정말 힘들다. 매번 정확한 지식으로 정정해주기도 어렵고(가르친다고 화를 낼 게 뻔하다.) 그들의 말을 그대로 받아들일 수도 없기 때문이다. 이런 선무당들은 대개 겸손하지도 않고 더 공부하려는 의지도 없다. 그렇기에 다루기 매우 힘들다. 방법은 가까이 두지 않는 것뿐이다. 할 수 있다면 단칼에 끊어내라.

마지막으로 피해야 할 사람의 유형은 '짜증 많은 사람'이다. 자신의 의사표현을 짜증과 신경질로 표현하는 사람들이다. 이런 사람은 별일 아닌 것에도 습관적으로 짜증과 신경질을 낸다. 버럭 짜증 내지 않더라도 말에 짜증을 묻혀서 대화하는 사람도 있다. 말 그대로 습관이다. 몸에 착 달라붙어서 자기도 모르게 행동한다. 고칠 수 없는 습관이다. 이런 사람과 대화하면 우리 감정도 짜증스러워지게 마련이다. 이럴 때는 "무엇이 화(짜증)나는 부분인가요?", "어떻게 하는 것이 좋은지 정확히 말씀해 주세요"와 같이 '어떻게', '무엇을'을 활용해보라. 짜증이 답이 아니라는 것을 알려주자. 무엇보다 중요한 것은 이들을 피함으로써 나의 정신건강과 마음을 지키는 것이라는 점을 잊지 말자.

다른 사람의 감정에 쉽게 영향을 받고 힘들어하는 사람은 의외로 공감 능력이 큰 사람이다. 타인의 감정을 함께 느끼기 때문이다. 이들은 나르시시스트나 무기력한 사람의 감정을 공감하다가 오히려 자신이 더 힘들어진다. 공감은 좋은 관계에서 좋은 감정에만 하자. 끊어내야 하는 사람의 마음까지 헤아리다가는 내 마음이 무너져 내릴 수 있다. '사람은 고쳐 쓰지 못한다'는 말도 있지 않은가? 애쓰지 말고 옆으로 비켜두거나 무시하라. 가능하다면 이들을 단칼에 끊어내자.

성찰

나를 돌아보고 점검하는 시간이 있어야
좋은 대화를 할 수 있다

타인과 좋은 대화를 하는 데 가장 중요한 것은 무엇일까? 말을 잘하거나 대화의 주제를 잘 정한다고 좋은 대화가 이루어지는 것이 아니다. 좋은 대화를 하려면 말을 하기 전 나의 마음가짐부터 살펴야 한다. 내가 어떤 생각을 하고 있는지 알아차리고 나의 말을 점검해야 한다. 올바른 생각과 태도는 대화의 기본이 된다. 상대방에게 나에 대한 신뢰를 높이기 때문이다. 좋은 대화를 하기 위해 나를 성찰하는 것부터 시작하라.

자기 자신을 잘 알아야
소통이 시작된다

자기성찰은 생각을 오래 하는 것으로 이룰 수 있는 것이 아니다. 특히나 사람과의 좋은 대화를 위한 첫걸음으로 성찰을 하라는 것은 나를 깊게 보라는 것이다. 타인의 말과 태도에 집중하기 전에 나의 생각과 말에 주의를 기울이고 자신을 이해하라는 의미이다. 영국 철학자 토머스 홉스(Thomas Hobbes)는 "자신을 깊게 들여다보면 다른 사람들도 깊게 알 수 있다"고 말했다. 그는 본질적으로 "타인을 이해한다는 것은 불가능하다"고 말했다. 그렇지만 사람은 모두 비슷한 성질을 가지고 있기 때문에 자신을 깊게 보는 것으로 타인을 이해하는 데 도움을 받을 수 있다고 말한다.

나를 깊게 들여다본다는 것은 무엇인가? 평상시 내가 자주 하는 생각이나 자주 하는 말 또는 내가 사람들과 대화하거나 관계를 맺는 방법 등 모든 부분에서의 '나'를 바라보는 것이다. 내가 하는 말을 객관적으로 보고 듣게 되면 나와 대화하는 상대의 기분과 감정을 자연스럽게 알 수 있다. 내가 어떻게 말하는지 깨닫지 못하면서 상대의 반응과 태도에만 불만을 품으면 안 된다. 모든 의사소통은 '나'로부터 시작된다. 그렇기 때문에 커뮤니케이션과 관계 맺기의 기본은 '자기 이해'이다.

자신을 성찰하지 못하는 사람 중에는 '나는 다 잘하고 있어', '나만큼만 해', '내 말만 들어'라고 생각하는 사람들이 있다. 일명 '메시아 콤플렉스'를 겪고 있는 사람들이다. 절대로 성찰이 이루어지지 않는 사람이다. 이들은 모든 것을 자신의 뜻대로 하려고 매우 소란스럽다. 여기저기 참견하여 상황을 엉망으로 만들면서도 자신은 열정을 불태웠다고 생각한다. 주변 사람들은 그 사람 때문에 지쳐가지만 정작 본인은 모른다. 자신을 돌아보지 못하고 상대방만을 탓하기 때문에 시끄러운 것이다. 자기 성찰로 마음이 안정되어 있는 사람은 상대방이 아무리 돌을 던져도 마음이 고요하다.

자기 이해가 충분한 사람은 마음이 평화롭기 때문에 다른 사람과의 관계도 좋다. '타인과 잘 지낼 수 있는 방법은 자기 자신의 내면에 있다'고 한 임상심리학자 윌리엄 글래서(William Glasser)의 말도 같은 의미다. 행복도 불행도 모두 나의 마음속에서 나온다. 자기 이해를 통해 마음이 안정된 사람은 상대와의 대화에서도 일희일비하거나 작은 것에 동요하지 않는다. 어떻게 받아들이고 대응할지 나의 선택을 이미 알고 있고 그에 따른 상대방의 반응도 예상한다. 이렇게 좋은 커뮤니케이션이 시작된다.

'알아차림'과 '자기 점검'

자기 이해는 나 자신에 대한 '알아차림'과 '자기

점검'을 하는 것으로 가능하다. 내가 말을 하고 생각을 하는 매 순간 내가 무엇을 하고 있는지 나를 바라보는 것이다. '알아차림'은 석가모니의 감정조절 수행 방법이기도 하다. 그만큼 자신의 감정에 영향을 미친다. 내 마음속에서 감정이 달라진다면 그 순간 나의 감정을 알아차려라. 그리고 왜 지금의 감정이 생기고 있는지에 대해 자신에게 질문해라. 질문에 대해 스스로 답을 하며 자신을 점검하자.

누군가의 말에 불현듯 화가 난다면 '나는 지금 저 말에 왜 화가 나지?'라고 질문해야 한다. '저 사람이 어린 시절 나를 괴롭히던 친구처럼 말을 하고 있어서 였구나'라고 화가 나는 원인을 찾아내자. 원인을 찾아내고 그것을 알아채는 것은 생각보다 쉽지 않다. 내가 나를 정확히 알고 있어야 가능하다. 그러므로 알아차리기 위해서는 나에 대해 많은 관심을 가져야 한다. 정확하게 알기 위해 많은 질문을 하고 답해야 한다. 스스로에게 묻고 대답하는 과정은 뇌가 인지한다.

가장 쉬운 알아차림은 내 몸의 변화를 알아채는 것이다. 화가 나기 전에 심장이 두근거리거나 몸속에 뜨거운 열이 차오르는 경험을 누구나 해봤을 것이다. 이런 작은 것들을 알아채면 자기 이해를 하기 쉬워진다. 몸은 감정을 나타내는 곳이므로 상대방과 소통하면서 내 몸 어딘가에 어떤 반응이 나타나는지 살펴보자. 빨리 알아챌수록 좋다. 몸의 변화를 알아챘다면 자기 점검의 시간을 가져야 한다. 점검을 통해 부족한 점은 보완하고 좋은 점을 더 살리는 노력이 함께 이루어져야 진정한 자기 성찰이 완성된다.

"나는 항상 진실만 말하는 사람이야", "나는 틀린 말은 안 해"라고 말하는 사람이 있다. 맞다. 자기 자신에 대해 잘 알고 있는 사람이다. 그렇지만 자기 이해는 됐을지언정 자기 점검은 하고 있지 않은 사람이다. 내가 진실만을 말했던 '그 발언으로 인해 상처받는 사람이 있나?', '그렇다면 나의 언행이 어때야 할까?'에 대해 자기 점검을 해야 한다. 관계는 일방향이 아니다. 배려 없이 진실만 말하는 사람과는 소통하고 싶지 않다. 나도 상처받을지 모른다는 두려움이 생기기 때문이다.

말을 깨는 힘
자기 성찰

---◆---

물고기 비늘에 바다가 스미는 것처럼
인간의 몸에는 자신이 살아가는 사회의 시간이 새겨집니다.
_《아픔이 길이 되려면》 중에서

물고기는 바다가 비늘에 새겨지고 우리는 듣고 하는 말이 우리의 모습에 새겨진다. 어릴 때부터 "네가 그걸 어떻게 해", "나서지 말고 가만히 있어", "짜증 나게 자꾸 그럴래?" 등의 말을 듣고 자랐다면 그 사람은 진취적이고 주도적으로 일을 하는 사람이 될 수 있을까? 그러기는 어렵다고 생각한다. 내가 하는 말이 곧 '내게 새겨지는 비늘'이다. 부정적이고 편협한 비늘을 가지고 있다면 '알아차리고' '자기 점검'을 해서 올바르게 나를 이해하자. 그러면 비늘도 갈아 끼울 수 있다.

민물에 살던 물고기도 바다로 나가게 되면 바다에 적응하기 위해 신체 구조를 바꾼다. 우리도 타인과 더 좋은 관계를 맺으며 살아가려면 지금까지와는 다른 말과 소통 방법을 찾아 바꿔야 한다. 그 말인즉슨 생각과 언어를 바꿔야 한다는 것이다. 다른 언어를 사용하면 다른 생각을 할 수 있다. 항상 쓰던 말이 아닌 다른 단어와 표현을 써보라. 뇌가 새로운 단어를 인지하면서 깨어난다. 당연히 새로운 개념의 생각을 만날 수 있다. 신경 쓰지 않으면 항상 하던 익숙한 말이 튀어나오므로 매 순간 알아차리고 점검해야 한다.

익숙한 것을 깨는 것은 엄청난 노력과 힘이 든다. '새는 알을 깨고 나오기 위해 투쟁한다. 알은 세계다'라는 헤르만 헤세(Hermann Karl Hesse) 《데미안》의 유명한 말이 있지 않은가. 밖으로 나오기 위해 깨야 하는 알 껍데기는 세상을 깨는 것만큼 어렵고 힘들다는 의미이다. 익숙하고 안락한 알을 버리고 밖으로 나온 것처럼 내 입에 달라붙은 편안함을 버리는 것은 힘든 일이다. 지속적으로 인식하고 노력해야 한다. 그렇지만 새롭게 만나는 세상은 나에게 새로운 사람과 새로운 관계를 선물할 것이다.

지금까지와 다르게 보려면 보는 눈을 바꾸거나 쓰고 있는 안경을 바꿔야 한다. 의사소통에서 안경을 바꿔 끼는 것은 말을 다르게 하는 것이다. 나를 돌아보고 계속해서 자신을 점검하는 '성찰'은 인간만이 할 수 있는 고도의 사고 과정이다. 자기 성찰을 지속하는 사람은 지금까지 해오던 말과 다른 말을 한다. 생각 없이 말하지 말자. 은연중에 말이 튀어나오게 하지 말자. 나의 경험들을 잘 살피고 깨닫자. 깨달았다면 행동을 변화시키자. 이러한 과정을 통해 나에 대해 성찰할 수 있다.

힘들고 어렵거나, 상처 입거나 두려우면 우리는 나만의 보호막을 친다. 그 보호막은 나를 보호해주는 듯하지만 상황을 피하거나 어렵고 힘든 것을 외면하는 결과를 만들기도 한다. 결국 사람과의 관계가 닫히게 되는 결과를 만든다. '내가 왜 이런 생각을 할까?', '지금 하고 있는 일이 옳은가?', '나는 무엇을 할 수 있지?' 등 성찰의 질문을 나에게 던지자. 끊임없이 내가 하는 말과 행동을 관찰하고 자신을 점검하자. 좋은 사람을 만나려면 나부터 좋은 사람이 되어야 한다.

감정 다스리기

나의 감정과 기분이 태도가 되지 않도록
내 마음 컨트롤을 잘해야 한다

사람은 자신의 감정을 숨길 수 없다. 감정은 표정과 행동으로
스며 나오기 때문이다. 우리가 겉으로 드러낸 감정은 고스란히 상
대방에게 전달된다. 상대방의 감정에도 그대로 영향을 미친다. 감
정의 악순환은 당연히 상대방과의 관계를 악화시키게 마련이다.
나의 감정과 기분이 태도가 되지 않도록 내 마음을 잘 컨트롤하
자. 좋은 관계를 맺기 위해서는 내 안에 있는 좋지 않은 감정은 비
워내고 좋은 감정만 남겨야 한다.

말이 곧
그 사람이다

우리는 직장생활을 하면서 여러 사람을 만난다. 그중에는 자기 기분에 따라 말을 함부로 하는 사람이 있다. 본인의 기분을 가득 담아 상대방에게 독설을 날린다. '잘 알지도 못하면서 말이야', '능력 부족 아닌가?', '잘려도 싸지' 이런 독설은 칼날보다 날카롭게 상대방의 마음을 벤다. 평생에 지워지지 않는 상처로 남기도 한다. 직장에서 매일 만나야 하는 사람이 이렇게 말한다면 정말 견디기 힘들다.

반면 항상 따뜻하고 보드라운 말을 하는 사람도 있다. '몰랐던 부분이라면 다시 한번 확인해보는 것이 좋겠어요', '다른 부서와 협업을 해보세요', '다른 해결 방안이 있을 텐데 안타깝네요' 동일한 상황에서 긍정적인 감정을 사용하는 사람은 하는 말이 다르다. 감정을 다스리는 방법이 다르기 때문이다. 결국 자신의 감정을 바르게 다룰 줄 알아야 좋은 말을 할 수 있다. 사람의 감정은 말이 되고 말은 곧 그 사람을 보여준다.

나는 평상시에 어떤 말을 사용하고 있는지 돌아보자. 일에 진척이 없거나 일을 잘 못한다고 부하직원들에게 짜증을 내며 말하지는 않았나? 내 의견을 들어주지 않아 기분 나빠서 직장동료를 쏘아붙인 적은 없었나? 일부러 부탁을 들어주지 않거나 못 들은 척하지는 않았나? 이런 언행은 감정을 분리시키지 못한 미성숙한 행동이다. 긍정적이고 밝은 말을 하자. 상대방에게 밝은 기분을 전달하고 서로 좋은 감정을 자극받을 수 있다. 당신이 하는 말이 당신의 모습을 만든다.

치료가 제대로 이루어지지 않으면 아무리 작은 상처라도 덧난다. 말로 생긴 상처도 마찬가지다. 작게는 하루 종일 일이 손에 안 잡히는 상처이기도 하지만 어떤 경우는 몇 년에 걸쳐도 잊히지 않는 큰 상처도 생길 수 있다. 감정에 의한 상처는 분노를 일으킨다. 분노를 쌓아가면 굉장히 위험하다. 분노는 해소되기 전까지 계속해서 몸과 마음을 피폐하게 만들기 때문이다. 내가 하는 말이 상대에게 상처가 되지 않도록 하라. 만약 상처가 되었다면 적극적으로 해소하기 위해 노력해야 한다.

말의 상처를 회복하는 노력, 둔감력&회복탄력성

◆

입은 재앙을 부르는 문이요,

혀는 몸을 베는 칼이다.

_풍도(중국 당나라 재상) 〈설시〉

일을 할 때에는 민첩하게 하고
말을 할 때에는 신중하게 하라.

_《논어(학이편)》중에서

입을 막고 혀를 깊숙이 감추면 몸이 편안해져
가는 곳마다 견고할 것이다.

_《명심보감(언어편)》중에서

감정에 따라 말을 하는 사람에게 받은 상처는 깊게 남는다. 관계가 좋을 때는 아무렇지 않던 일이 감정이 나빠진 사람과는 전혀 괜찮지가 않다. 감정이 달라지면 모든 것을 달리 보고 다르게 느끼기 때문이다. 나 또한 9년이라는 시간 동안 함께 한 직장동료와 감정이 틀어지면서 비난의 말을 들은 경험이 있다. 그 경험은 엄청난 충격과 상처가 되었다. 그 상처는 아마도 평생 지울 수 없을 것이다. 감정을 풀고 상처를 치료하지 않았기 때문이다.

상처를 받고 치료하는 것보다는 상대방의 말에서 상처를 받지 않는 것이 좋겠다. 이 점에서 와타나베 준이치의 《둔감력》을 참고하면 좋겠다. 소설 《실락원》의 작가로 알려진 와타나베 준이치는 우리들에게 '둔감력'으로 외부의 부정적 요인들을 무시하라고 말한다. 단순히 못 본 척하고 무책임하라는 의미가 아니다. 회사 생활이나 연애, 결혼생활 등에서 성공을 거둔 사람은 모두 부정적인 요소를 크게 염두하지 않는 마음의 힘을 가지고 있다. 우리도 주변의 부정적인 사람들의 말에 둔감력을 가져보자.

상처를 받지 않으면 좋겠지만 이미 상처를 받았다면 혹은 받고 있다면 어떻게 하는 것이 좋을까? 회복탄력성을 높이기 바란다. 김주환 교수에 의하면 회복탄력성은 '자신에게 닥치는 온갖 역경과 어려움을 오히려 도약의 발판으로 삼는 힘'이다. 상처받아서 아프고 힘든 상황에 주저앉아 머물지 말라. 상처를 오히려 또 다른 발전의 힘으로 삼는 회복탄력성을 길러라. 어두운 동굴에서 나오라는 것이 핵심이다.

모두가 바쁘게 일하고 세상이 엄청난 속도로 돌아간다. 상처받았다고 나만이 홀로 쭈그리고 앉아있을 수는 없다. 그렇다고 상처받지 않으려 주변 사람에게만 주의집중하고 있을 수도 없다. 나만의 속도로 사람들과 소통해야 한다. 그러기 위해서는 적당한 '둔감력'으로 관심과 집중을 조절하자. 또한 좌절과 상처를 나의 변화 발전의 계기로 극복해내는 '회복탄력성'을 키우자. 회복탄력성이 무엇보다 필요하다. 나만의 속도와 나만의 감정조절 방법을 찾아 건강하게 소통하자.

기분이 태도가 되지 않도록
감정 다스리기

인간은 상황 자체가 아니라,

그 상황을 바라보는 관점 때문에 고통을 당한다.

_에픽테토스(Epictetus)

나에게 상처가 되는 말을 하는 사람은 나를 괴롭히기 위해 노력하는 것일까? 작정하고 나를 괴롭히는 사람도 일부 있을 수 있다. 그렇지만 대부분은 상대방의 말에서 내가 상처를 찾아내고 상처받았을 것이다. 업체와의 의사소통 실수로 물품 제작이 지연되어 걱정하고 있는 상황이라고 하자. 이럴 때 상사가 물품 제작이 늦어지는 것에 대해 한마디 말했다면 어떨까? 아마도 나를 몰아붙인다는 생각이 들어 상처받거나 상사에 대해 좋지 않은 감정을 가지게 된다.

우리가 화가 나는 데는 여러 가지 이유가 있다. 대부분 내가 아닌 상대방에게서 그 원인을 찾으려 한다. 이제 좀 다르게 바라보자. '상대방이 하는 말은 나에 대한 비난이 아니야'라고 생각해 보자. 상처받지 않고 담담하게 상대방과 대화할 수 있을 것이다. 상황과 사실을 있는 그대로 받아들이는 연습은 나를 상처에서 비켜

설 수 있게 해준다. 혼자만의 착각으로 받지 않아도 되는 상처를 끌어안지 말라.

누군가와의 대화에서 불쾌함을 느끼거나 부정적 감정표현을 느꼈다면 어떻게 하는 것이 좋을까? 화가 난다고 똑같이 화를 내거나 기분 나쁜 표현을 하는 것은 나 역시 상대를 공격하는 것이다. 즉각적이고 반사적인 반응으로 대응하지 말라. 가장 좋은 방법은 나의 감정을 정확하게 전달하며 차분하게 대응하는 것이다. '끝까지 우아하게' 나의 감정 상태를 평온하게 유지해라. 나의 말과 행동이 가져오게 될 상황들을 생각해 가며 감정과 행동을 조절해라.

힘들고 지쳐있어도 상대방의 말을 있는 그대로 받아들이기 어렵다. 서운하거나 서럽거나 화가 나는 등 나의 감정이 더 앞서기 때문이다. 이럴 때 나의 감정을 조절하기 위해 행동을 통제 해보자. 미국의 심리학자인 윌리엄 제임스(William James)는 행동이 감정을 따라오는 것처럼 보이지만 사실은 동시에 일어난다고 한다. 따라서 행동을 조절함으로써 감정을 조절할 수 있다. 즐거운 기분을 유지하기 위해 일부러 즐거운 표정과 행동을 하는 것이다. 즐거운 표정을 짓게 되면 기분도 덩달아 따라온다. 내 기분이 나의 태도가 되지 않도록 명심하자.

_윌리엄 셰익스피어(William Shakespeare)

우리는 상대방과 했던 말을 정확히 기억하지 못해도 그때의 기분은 기억할 수 있다. 또한 이야기를 나눌수록 화가 나거나 기분이 나빠지는 사람도 있다. 이것은 상대방의 좋지 않은 감정이 좋지 않은 태도가 되어 나에게 전달되었기 때문이다. 우리는 직장에서 프로페셔널하게 일을 하고 있다. 나의 부정적 기분이 행동이나 태도에 반영되어 일과 관계를 망치는 상황은 만들지 말아야 한다. 셰익스피어의 말을 마음에 담아보자. 진정성이 없더라도 그런 듯 행동하다 보면 진짜 진정성이 생긴다. 계속해서 나의 감정을 다스리다 보면 행동이나 태도도 변하게 된다는 말이다. 감정조절로 좋은 관계를 쌓아가자.

PART
2

긍정

감정을 담은 말은 영향을 많이 주므로
긍정 대화를 해야 한다

◆

달이 조류에 영향을 미치듯
언어는 겉으로 드러나지 않는 힘을 발휘한다.

_리타 메이 브라운(Rita Mae Brown)

'말하는 대로 이루어진다' 혹은 '가수는 부르는 노래처럼 살게
된다'는 말을 들어 보았는가? 왜 그럴까? 자신이 하는 말과 말을
할 때의 감정이 마음에 계속 영향을 미치기 때문이다. 그러므로
우리는 좋은 감정을 담은 말을 우리에게 계속 보내야 한다. 긍정
적인 생각과 기분 좋은 감정은 대화를 긍정적으로 만들고, 긍정적

대화는 우리가 원하는 결과를 얻도록 돕는다. 밝고 긍정적인 사람에게는 좋은 일이 많이 생기고 행운도 따른다. 말과 감정을 통해 나도 모르게 행운을 부를 수도 있고 액운을 부를 수도 있다. 말과 감정이 가지는 영향은 크고 강력하다. 우리가 항상 긍정적이고 좋은 감정을 담아 대화해야 하는 이유다.

직원 A: 이번 교육사업을 이렇게까지 확대해서 할 필요가 있을까?

직원 B: 전문지식을 갖춘 강사의 좋은 교육이니 외부로 알려서 많은 사람이 함께 들으면 좋잖아.

직원 A: 사람들이 이걸 들으러 오겠어?

직원 B: 관심 있는 사람이 분명 있을 거야. 누구에게 홍보해서 알리면 좋을까?

직원 A: 낮 시간인데 사람들이 올까? 거리도 멀면 안 올 것 같아.

직원 B: 그럴 수도 있겠네. 그러면 방학 중인 선생님에게 적극 알려볼까?

우리는 일을 하면서 이런 종류의 대화를 흔하게 접한다. 직원 A는 일을 대하는 기본 자세가 부정적이다. '이 일을 왜 해야 하나. 사람들이 참여하지 않을 거야. 그렇게 될 다양한 이유가 있어'라는 생각으로 일을 바라보고 있다. 생각하는 방향대로 대화도 부정적으로 끌어간다. 반면 직원 B는 A가 말하는 부정적인 부분을 그저 조금 더 고려해야 할 사항으로 여길 뿐이다. 긍정적인 결과를 도출하기 위해 생각을 확장하고 있다. 위 교육사업은 직원 B에 의해 다양한 곳으로 홍보되었을 것이다. 사람들이 더 참여하는 교육으로 마무리되었을 것이다. 긍정적인 사람은 생각을 긍정적으로 하고 적극성도 가진다.

미국 펜실베이니아대 심리학부 마틴 셀리그만(Martin Seligman) 교수는 자신의 저서 《긍정심리학》에서 '긍정적으로 말하는 사람과 부정적으로 말하는 사람은 생각의 집중이 다르다'고 말한다. 긍정적으로 말하는 사람은 생각을 긍정적인 부분에 맞추고 있다. 반면 부정적인 면에 집중하고 있는 사람은 긍정적인 면을 보지 못한다. 결국 부정적인 말만 한다. '잘될 거야', '할 수 있어'라고 생각하는 사람은 어떻게든 잘될 수 있는 방법(긍정적인 면)을 찾는다. 그후 해낼 수 있는 방법을 생각한다. 이런 생각의 연속은 결국 해내는 결과를 만들어 낸다. 당연하지 않겠는가?

긍정적인 말을 많이 하는 사람은, 실패나 좌절을 만나도 잠깐의 시련이라 생각한다. 그러하기에 긍정적인 일이 더 나타날 거란 생각으로 지금의 어려운 상황을 재해석한다. 어렵고 힘든 상황임에도 불구하고 용기를 내고 다시 최선을 다해 노력할 수 있는 것이다. 반면 부정적인 감정에 싸여있는 사람은 내게 일어난 좋은 일들을 어쩌다 한 번 내게 일어난 작은 행운에 불과한 것이라 치부한다. 안 좋은 일에 대해서는 역시 그럴 줄 알았다며 자신의 부정적인 감정을 당연한 나의 환경으로 인정해 버리고 만다. 이렇듯 개인이 가지고 있는 감정은 대화의 방향을 설정하고 최종 결과를 좌우하는 중요한 역할을 한다.

- 먼지가 되어, 서른 즈음 – 김광석(33세 사망)
- 예정된 시간을 위해 – 장덕(28세 요절)
- 마지막 노래를 들어줘 – 김성재(이 노래를 끝으로 갑자기 사망)
- 좋은 날 – 아이유(좋은 날의 시작을 알리는 히트곡)
- 세월이 약이겠지요, 해뜰날 – 송대관(곡 발표 4년 뒤 알려짐, 해뜰날로 최고 인기가요, 가수상 수상)

가수는 같은 노래를 몇 번이나 부를까? 가수 양희은 씨는 〈아침이슬〉을 만 번 이상 불렀다고 한다. 히트곡을 가진 가수는 대부분 그에 못지 않게 여러 번 그 노래를 불렀을 것이다. 그래서일까? 가수는 자신의 노래 따라 혹은 노래 제목을 따라 삶을 살게 된다는 속설이 있다. 그 속설의 신빙성을 말하고자 하는 것이 아니다. 그 믿음이 이해되는 지점, 즉 말의 영향력에 대해 이야기하는 것이다. 몇천 번의 반복되는 메시지(노래)를 부르는 가수는 그 메시지에 동화되기 쉬웠으리라. 그 말에 영향을 받았으리라.

'긍정 확언'을 들어 보았는가? 이것은 일종의 셀프 토크이다. 긍정적인 스토리로 자신의 부정적인 습관을 바꾸거나 낮아진 자존감을 높이고 의도한 목표를 달성하기 위해 동기를 부여한다. 말의 영향력이 크다는 것을 알고 이를 적극 활용하는 것이다. 자기 자신에게 지속적으로 긍정의 메시지를 보내는 것이다. 긍정 확언을 통해 삶을 행복하게 변화시키고 싶은 사람들에 의해 실행 방법이나 효과가 수없이 회자되고 있다. 예를 들면 이런 것이다. '나는 긍정적인 사람이다', '내게는 모든 문제의 답을 찾을 수 있는 지혜가 있다', '나는 용기 있는 사람이다' 이러한 긍정의 말로 셀프 토크를 하며 말이 가진 긍정의 영향을 스스로 받는다.

연세대학교 언론홍보영상학부 김주환 교수는 그의 저서《내면 소통》에서 내면 소통을 자기 자신을 향한 '스피치 액트'라고 말한다. 동시에 '우리는 늘 내면 소통을 하면서 사는데, 이렇게 내가 나에게 하는 말은 나 자신에게 즉각적이고도 강력한 효과를 갖는다'고 말한다. 자신에게 전달되는 지속적인 메시지는 그에게 특별하고도 강력한 영향력을 미치는 것에 틀림이 없다. 긍정적인 셀프 토크는 감사하기 훈련이나 자기 긍정과 결합하면 전전두피질 신경망의 활성화 효과를 보인다. 뇌 영상 연구를 통해 입증된 내용을 책(내면 소통)에서 말해주고 있다. 과학적으로 증명된 바와 같이 우리는 우리에게 긍정적 영향을 미치는 셀프 토크를 해야 한다. 긍정적 셀프 토크는 긍정 감정과 결합하여 긍정 대화와 관계로 이어지게 될 것이다.

김 코치: 공을 어디로 차는 거야? 눈을 제대로 뜬 거야?

박 코치: 좋았어. 계속 집중해. 자세를 조금만 낮추고 주변을 살피면서 뛰는 거야.

김 코치: 그렇게 허우적대지 마. 지금 물놀이하러 온 거야!

박 코치: 잘할 수 있어. 한 번 더 힘을 내봐. 배에 힘을 주면서 무게중심을 맞춰 한 번에 들어 올려.

운동선수는 자신의 신체 능력을 향상시키고 이를 최대한 발휘하는 것이 최우선이다. 지원팀은 선수의 튼튼하고 건강한 몸을 만들고 경기력을 향상시키기 위해 선수를 관리한다. 그러나 스스로의 한계를 이겨내고 실력을 좋아지게 하는 것은 결국 선수 자신의 몫이다. 그렇다면 팀은 어떻게 선수를 돕는 걸까? 운동선수의 곁에서 돕는 역할을 하는 사람이 전문 코치다. 위에서 보는 박 코치의 말이 바로 전문 코치가 자주 하는 말이다. 선수나 종목에 관계없이 그들은 긍정의 언어를 중요하게 사용한다.

전문 코치의 말을 살펴보자. '좋았어', '잘할 수 있어' 등의 긍정적인 말로 선수를 응원하고 있다. 긍정의 말에 이어 선수의 부족한 부분을 설명하고 수정·보완할 수 있도록 격려한다. 질책하거나 부족한 부분을 책망하는 것이 아니다. 긍정의 언어를 통해 운동선수를 격려하고 더 잘할 수 있도록 '피드백'하는 것이다. 이런 피드백을 들은 운동선수는 더 잘하고 싶을 것이고, 잘할 수 있을 것이라 믿는다. 결국 자신의 부족한 부분을 고쳐나간다. 당신이 운동선수라면 김 코치에게 코칭을 받고 싶은가, 박 코치에게 코칭을 받고 싶은가?

말은 듣는 사람이나 하는 사람 모두에게 큰 영향을 발휘한다. 누구도 부정적인 말을 듣고 싶어 하지 않는다. 내가 실력이 부족한 운동선수거나 무언가 잘못한 일이 있다 하더라도 말이다. 듣고 싶고 하고 싶은 말은 긍정의 말이다. 긍정적인 말은 좋은 감정을 불러일으킨다. 좋은 감정은 대화를 나누는 사람과의 관계를 긍정적으로 만든다. 서로 좋은 감정을 공유하고, 기분 좋은 대화를 나눈 사람과의 관계는 좋다. 우리는 좋은 관계를 맺기 위해 좋은 대화를 나누어야 한다. 나의 감정을 잘 정리하고 긍정의 언어를 사용하는 노력을 하자.

긍정적 말 습관

긍정적으로 말하는 습관이
성공과 운을 부른다

평소 긍정적으로 생각하는 사람은 말도 긍정적으로 한다. 긍정적인 말을 많이 하면 신경가소성 현상으로 신경전달물질이 긍정적인 방향으로 확장된다. 우리가 하는 생각과 말 모두 '언어'로 연결되어 있다. 매일 어떤 말을 하고 듣는지에 따라 시냅스의 연결고리가 달라진다는 말이다. 신경세포들이 긍정적인 방향으로 연결되고 확장됨에 따라 그 사람의 행동도 긍정적으로 변한다. 결과적으로 긍정적인 행동이 많이 쌓이면 좋은 결과로 나타난다. 긍정적인 생각과 말투가 좋은 행동 변화를 일으키고 행운과 행복을 부른다.

히딩크: 너를 믿는다. 넌 할 수 있다. 정신력이 정말 대단해.

김연경: 해 보자. 해 보자! 후회하지 말고. 지금 힘든 것, 지나가는 구름이다. 누구에게도 정해진 승패는 없다.

교류 분석에서 언어적, 비언어적 교류의 자극과 반응을 '스트로크'라고 한다. 스트로크는 사람을 행동하게 하는 동기유발 요인이다. 히딩크와 김연경이 자주 하는 말이 바로 긍정적 스트로크다. 박지성은 히딩크 감독의 긍정 스트로크를 듣고 인생이 바뀌었다고 말한다. 상대를 행동하게 하는 동기 유발이라는 말이 이해가 되지 않는가? 김연경 선수가 매 경기 때마다 동료 선수들에게 외치는 긍정의 스트로크에서 동료들은 할 수 있다는 긍정의 힘을 얻는다.

정신분석학자 프로이트는 '말이란 현상화되는 물질 에너지이므로 끊임없이 같은 말을 되풀이하면 결국 말대로 이루어진다'고 했다. 노래 가사처럼 '말하는 대로' 이루어진다는 것이다. 힘든 상황이 닥쳤을 때, '괜찮아. 곧 지나갈 거야', '나는 잘 이겨낼 수 있어'라는 말을 하라. 긍정의 말로 자신을 다독이면 실제로 이겨낼 힘을 찾을 수 있다. 마음이나 감정에 있는 것을 말로 현상화하는 과정을 만들어라.

긍정적 스트로크를 자주 사용하는 사람과 함께하면 기분이 좋아진다. 덩달아 힘이 나고 용기가 솟는다. 이런 이유로 긍정적인 사람은 인간관계가 넓고 탄탄하다. 당신이라면 어떤 사람과 함께 하고 싶은가? 긍정적인 말을 자주 하는 사람? 부정적인 말을 자주 하는 사람? 말하지 않아도 답은 모두 같을 것이다. 당신의 말투도 바꿔보자. 긍정의 스트로크를 자주 사용하자. 직장동료와 상사 그리고 후배에게도 말해보자. '괜찮아요. 할 수 있어요', '다시 한번 해봅시다' 물론 나 자신에게도 말해보자. '나는 할 수 있다.'

  A: 당신은 일은 잘하는데, 말투가 너무 딱딱해요.
  B: 당신의 말투는 좀 딱딱하지만, 일 처리가 완벽하네요.

  A도 B도 같은 내용을 말하고 있다. 또한 모두 사실(fact)이다. 진실만을 말하는 대화법은 긍정적 소통에 도움이 되지 않는다. 오히려 관계를 망치는 지름길이다. 진실을 말하되, 긍정의 말로 해야 한다. A 상사의 말은 정확한 사실이다. 그러나 이 말을 들은 부하 직원은 기분이 나쁘다. '뭐라고? 그럼 어쩌라는 거야', '일을 잘하니까 말투로 시비 거는 건가?'라는 생각으로 갈등이 깊어진다. 현명한 상사라면 B처럼 말해야 한다. 안타깝게도 우리 주변에는 B처럼 현명한 상사보다 A 같은 멍청한 상사가 더 많다.
  자신이 한 말에서 자유로운 사람은 아무도 없다. 말은 엄청난 힘을 가지고 있다. 우리 뇌는 내가 한 말을 지키려 노력한다. 입 밖으로 꺼낸 말과 최대한 같은 모습으로 닮아가려 노력한다. "저는 새로운 지식을 빨리 배울 수 있습니다." 면접할 때 들을 수 있는 말이다. 이 직원은 채용된 이후에 새로운 지식을 빨리 배우려 노력한다. 평소 "저는 친화력이 좋습니다"라고 말하는 사람이라면? 새로운 사람들과 어울리고 친해지는 데 어려움 없이 지내게 된다. 우리 뇌는 생각하고 말하는 대로 우리 행동을 만들어 간다. 말한 그대로.

우리는 뇌의 반응을 이용해서 성공할 수 있다. 나를 위한 운을 끌어들일 수 있다. '좋아', '잘 할 수 있어', '이번 프로젝트는 좋은 결과가 있을 거야' 뇌 속에 긍정의 말을 담아라. 뇌 속에 담긴 말은 나의 생각이 되고, 나의 말은 현실이 된다는 것을 명심하라. 좋은 말 그릇을 준비하고 긍정의 말을 담아라. 더불어 좋은 말 그릇을 가진 사람과 함께 하라. 운을 부르는 말투를 사용하는 사람을 가까이 두라. 좋은 기운을 불러오는 긍정의 말을 하는 사람과 함께 하면 시너지가 커진다. 함께 성공할 수 있다.

박상영 펜싱선수: 할 수 있다. 할 수 있다. 할 수 있다.

우상혁 높이뛰기선수: 할 수 있다. 올라간다. (혼자 계속 떠들면서 자신감을 불어 넣었다.)

리우 올림픽 펜싱(에페 개인) 결승전에서 우리는 감동했다. 14대 10으로 수세에 몰리던 박상영 선수가 경기 막바지에 화면에 비쳤다. 끊임없이 자기 자신에게 말한다. '할 수 있다. 할 수 있다. 할 수 있다' 그의 절실함을 모두 함께 보았다. 관중석에서도 누군가가 '할 수 있다!'를 외쳤다. 그 후 박상영 선수는 4점을 몰아치며 경기를 뒤집고 금메달을 목에 걸었다. 할 수 있게 되었고 그는 해냈다. 비슷한 상황은 도쿄올림픽 높이뛰기에서도 나타났다. 우상혁 선수 또한 '할 수 있다'를 외쳤다. 그는 환한 미소와 함께 '올라간다!' 까지 말한다. 결국 그는 날아올라 한국 신기록을 세웠다.

꿈을 확언하는 말 '해낼 수 있다', '이룰 수 있다'는 말은 나 자신에게 힘을 준다. 그 말을 하는 것만으로 상황이 달라진다. 스스로에 대한 믿음이 생긴다. 자신에 대한 믿음은 자존감을 세운다. 자존감과 자신감이 단단히 세워지면 원하는 것을 해낼 수 있다. 조금은 버거워 보이는 목표가 있는가? 매일 스스로에게 할 수 있다는 믿음을 말하라. 스스로에 대한 믿음이 쌓여가면 해낼 수 있는 방법을 찾게 된다. 조금씩 행동이 변화하고 결국 그 목표를 향해 다가간다. 꿈을 이루는 말 결국 해내는 나의 모습을 스스로에게 계속 말해줘라. 계속 용기를 주어라.

마거릿 대처(Margaret Thatcher)는 말의 영향력에 대해 주의하라고 했다. '말을 조심해라, 행동이 될 것이다. 행동을 조심해라, 습관이 될 것이다. 습관을 조심해라, 인격이 될 것이다. 인격을 조심하라, 운명이 될 것이다.' 결국 말은 행동이 되고 운명까지 바꿀 수 있다는 말이다. 운명을 바꿀 만큼 말의 영향력이 크다. 부정적인 말을 자주 하는 사람을 생각해 보라. 그들에게는 항상 안 좋은 일이 끊이지 않는다. 하는 일마다 꼬이고 결과가 좋지 않다. 왜 그럴까? 부정적인 생각에 휩싸여 좋은 것을 보지 못하기 때문이다. 좋은 점을 보고, 긍정적인 말과 생각으로 내게 오는 좋은 행운을 현실로 공명하게 하라.

말은 자석이다. 자석처럼 생각과 행동을 끌어당긴다. 긍정의 말은 긍정의 생각과 행동을, 부정의 말은 부정적인 생각과 행동을 당긴다. 또한 말은 씨앗과 같다. 긍정적인 말의 씨앗은 쑥쑥 자라 긍정적인 생각과 행동으로 열매 맺는다. 말과 생각이 언어로 연결되어 있기 때문이다. 긍정적인 말을 하라. 긍정적인 생각이 따라온다. 긍정적인 생각은 긍정적인 행동을 부른다. 긍정적인 행동은 생각을 현실로 만든다. 긍정적인 말과 생각이 습관화되면 원하고 바라는 일을 이룬다. 성공으로 이끈다. 행운을 가져온다.

분노

화를 내며 말할 때는
분노 조절을 잘해야 관계가 유지된다

여러 번 알려줬음에도 같은 실수를 반복하는 부하직원이나 앞서서 일을 끌고 가기보다 빨간펜 지도만 하고 있는 상사 거래처의 밀어붙이기식 갑질, 쌓여만 가는 행정문서 등으로 화가 난다. 속이 부글부글 끓는다. 이럴 때 누군가 살짝만 건드려도 우리는 폭발한다. 그야말로 분노의 폭발이다. 분노의 상황에서는 말의 절제가 어렵다. 소리를 지르거나 상대에게 심한 말을 내뱉기도 한다. 분노할 때야말로 감정과 언어를 조절해야 한다. 그래야 관계를 잘 유지할 수 있다. 펄펄 끓던 물도 시간이 지나면 식는다. 분노가 치밀 때는 시간을 조금 가져라. 조금만 지나면 분노가 수그러들고 관계가 좋아지는 긍정적인 말을 할 수 있다.

박 부장: 거래처에서 팀장님의 메일 회신이 너무 늦다고 하는데 매번 왜 일이 늦어집니까?

오 팀장: 오늘 보내려고 했습니다.

박 부장: 이번뿐만 아니라, 지난번 프로젝트 때에도 계속 늦었잖아요? 왜 그럽니까?

오 팀장: 지난번에는 업체가 일을 늦게 해서 늦어진 것입니다. 이번과 다릅니다.

박 부장: 다르긴 뭐가 다릅니까? 팀장님의 일 처리가 매번 늦잖아요.

오 팀장: 부장님은 빠르게 하십니까? 엊그제 검토해 달라고 올린 서류도 아직 안 보셨잖아요!

박 부장의 질책은 오 팀장에게 공격 모드로 읽힌다. 부하직원의 업무지도를 위한 마음이었다고 하더라도 박 부장은 예전 일을 들추며 질책하지 말아야 했다. 예전 일을 들추며 질책하는 것은 상대에게 상처를 주는 것이다. 상처를 받은 사람은 상처를 준 사람에게 분노한다. 대화의 오 팀장처럼 박 부장의 결점을 찾아내 눈눈이이 분노로 반응한다. 서로 분노를 표출하다 보면 둘 간의 관계는 회복하기 어렵다. 상대가 분노를 장착하고 질책한다 하더라도 반격하지 않는다면 소통에는 문제가 없다.

누구나 자기 자신이 옳다고 생각한다. 내가 맞다고 말하며 그것을 증명하려 한다. 시시비비를 명명백백 가려내는 것은 관계를 좋아지게 하는 노력과는 거리가 멀다. 맞고 틀림을 가리기보다 상대가 무엇을 말하고자 하는지 공감하는 것이 먼저다. 진실만을 말하는 사람과는 좋은 관계로 가까워지기 힘들다. 그들이 말하는 진실은 나를 비판하는 말로 들리기 때문에 그들을 원망하게 된다. 그러므로 맞고 틀림보다 상대의 감정을 먼저 알아주는 말로 분노를 잠재우는 것이 필요하다.

분노는 순식간에 감정을 폭발하면서 이성적인 생각을 불가능하게 한다. 미국의 생리학자이자 심리학자인 폴 맥린(Paul Donald MacLean)은 인간의 뇌는 삼중뇌로 되어 있다고 했다. 가장 먼저 생긴 '파충류의 뇌'는 생존을 담당한다. 그다음은 '포유류의 뇌'로 감정을 담당한다. 가장 마지막에 생긴 뇌가 '영장류의 뇌'로 이성을 관장한다. 분노는 파충류의 뇌를 자극한다. 생존이 감정이나 이성적 판단보다 앞선다. 따라서 우리는 상대의 말을 들었을 때, '안전한가?'를 질문한다. 안전하다면 대화를 이어 나간다. 그러나 안전하지 못한 경우에는 도망가거나 맞서 싸우게 된다. 분노의 말은 파충류의 뇌를 자극하여 포악하게 공격하도록 만든다. 분노를 잠재우고 온화한 말투와 표정으로 파충류의 뇌를 안심시켜야 한다.

미국 워싱턴대 심리학과 엘마 게이츠(Elmer Gaits) 교수는 '분노의 침전물'이라는 감정분석 실험을 진행했다. 튜브 한쪽 끝을 코에 꽂고 다른 한쪽을 얼음물이 담긴 용기에 넣는다. 실험자의 기분에 따라 어떤 가스가 나오는지 살펴보았다. 감정이 평온할 때의 가스는 무색의 액체로 변했다. 그러나 다른 감정 상태일 때는 각기 다른 색깔의 침전물이 생긴다. 감정 상태에 따라 색이 다르게 나타나는데, 고통이나 슬픔의 감정에서는 회색 침전물이 생긴다. 분노의 감정에서는 밤색, 후회의 감정에서는 복숭아색, 사랑한다는 말을 할 때는 분홍색의 침전물이 생겼다. 이 중 분노의 감정에서 생긴 밤색 침전물을 모아 실험 쥐에게 주사했더니 얼마 지나지 않아 쥐는 죽었다.

엘마 교수는 독성이 강한 갈색 침전물을 '분노의 침전물'이라고 이름붙였다. 이 실험에서 얻은 결론은 사람이 화를 낼 때 몸 안에 독소가 생긴다는 것이다. 이 독소는 수분 안에 쥐를 죽일 정도로 무서운 독성을 가졌다. 만약 사람이 한 시간 동안 계속해서 화를 낸다면 80명을 죽일 수 있는 양의 독소가 생긴다고 분석했다. 직장생활의 끊임없는 스트레스는 분노를 쌓게 한다. 우리는 우리 몸 안에 독을 쌓으며 살고 있는 것이다. 내 안에 쌓인 독은 실제로 나의 몸을 파괴한다. 두통, 만성피로, 복부비만 등의 신체적 문제도 내가 쌓은 분노의 침전물에서 비롯된다.

특히 화를 잘 내는 사람이 있다. 별일 아닌데도 불같이 화를 내는 사람도 있다. 분노는 습관이다. 그들은 습관적으로 화를 내는 것이다. 이런 사람들은 상황이나 기분을 참아내지 못하고 곧바로 분노로 표현한다. 주변 상황이나 사람들을 인식하지 못한다. 순간적인 분노를 '욱'한다고 말한다. '욱'하는 감정을 다스리지 못하고 상대에게 분노를 쏟아낸다. 그렇다면 어떻게 해야 욱하지 않고 감정으로 관리할 수 있을까? 분노에 이르지 않게 하는 '욱' 관리법을 살펴보자.

1. 지금 화가 나는 상황이 맞아?
2. 화를 내면 어떻게 될까? 내게 도움이 되는가?
3. 이건 순간이야. 곧 지나가.
4. 말을 아끼자.
5. 그럴만한 이유가 있을 거야.
6. 화내지 않고 해결할 수 있는 방법이 있나?
7. 화내지 않으려면 어떻게 하면 될까?
8. 잘했어. 난 할 수 있어.

'욱' 관리법은 계속해서 질문하고 대답하는 마음속 대화의 과정이다. 크게 세 단계로 나누어 볼 수 있다. 첫 번째는 끓어오르는 분노를 멈추는 것이다. 매번 습관처럼 욱했던 사람에게 이 첫 번째 단계가 가장 어렵다. 그만큼 중요한 단계다. 분노가 차오르는 상황을 맞이했을 때 가장 먼저 '지금 화가 나는 상황이 맞아?'라는 질문으로 상황을 객관화한다. 감정적으로 화가 치밀지만 객관적인 질문으로 상황을 다시 보게 된다. 이어 '화를 내면 어떻게 될까?'를 상상해 본다. '그것이 나에게 도움이 되는가?'라는 질문으로 분노 표출 행동을 조절할 기회를 갖는다. 여기까지는 화가 치밀어 오를 때 스스로 노력해야 하는 부분이다. 왜냐하면 화가 나기 시작하는 것은 순식간이고 이 찰나의 순간에 빠르게 질문해야 하기 때문이다.

일단 반사적인 '욱'을 누른 상태에서 시작되는 두 번째 단계는 변화를 시도하는 단계다. 참아내는 경험을 해보지 않은 사람에게 지금의 단계는 매우 새로울 것이다. 화를 내지 않았으니 스스로에게 말해보자. '이건(화나는 상황은) 금방 지나갈 거야' 그러니 '말을 아끼며 상대의 말을 들어보자' 조금만 더 참아 보라고 말한다. 이렇게 감정을 조절하게 되면 상대의 말이 들리기 시작한다. 그럴 땐 나에게 말하자. '그럴만한 사정이 있겠지' 이로써 당신은 '욱'하지 않으면서 상황에 잘 대처하는 사려 깊은 사람이 될 수 있다.

마지막은 해결 방안을 찾는 단계다. 화를 내지 않고 해결할 수 있는 다른 방법 찾아보라. '화 내지 않고 해결할 수 있는 방법이 있을까?', '내가 화를 내지 않으려면 어떻게 하면 될까?'의 질문을 한다. 이제는 '화내기'에서 '화내지 않기'로 생각을 집중해본다. 필요하다면 숨 참기나 숫자세기(마음속으로 1~10 세기), 물 마시기 등의 노력으로 '욱'하는 감정을 조절해본다. 정말 화를 참기 힘들 때는 잠시 떠나기(화장실 다녀오기 등)로 상황을 피하는 것도 좋은 방법이다.

괴테(Goethe)는 '다른 사람을 대할 때 그들이 되고자 하는 존재가 이미 된 듯이 대하라. 그러면 그들은 최선을 다해 그렇게 행동할 것이다'라고 했다. 나를 질책하고 기분 나쁘게 만드는 사람을 이해하고 공감하라. 그러면 나에 대한 적대감과 공격성이 사라진다. 우리 둘 다 행복한 관계를 이어 나갈 수 있다. 상대를 화를 잘 내는 사람이 아닌 너그럽고 온화한 사람으로 인정하라. 상대가 독을 쌓지 않도록 도우라. 상황과 감정을 분리하여 분노와 부정적 감정이 정리되고 성숙한 대화가 가능하도록 함께 노력해야 한다.

후회

지나간 일은 그대로 흘려버리고
새로운 미래를 말해야 한다

엎질러진 물을 다시 담을 수는 없다. 이미 입 밖으로 내뱉은 말도 다시 거둬들일 수 없다. '어제 그 말은 하지 말걸…' 이런 후회는 해봤자 소용없다. 다음날 후회할 말은 하지 않는 게 좋다. 감정이 격해진 때 말을 신중히 해야 하는 이유다. 그렇다고 해서 하루 종일 후회 속에 사는 것도 현명하지 못하다. 시간은 되돌릴 수 없다. 이미 내 입 밖으로 나온 말도 사라지게 할 방법이 없다. 돌이킬 수 없는 것에 매달려 봐야 소용없는 일이다. 이미 지나간 시간은 흘려보내라. 후회하지 않을 말로 새로운 미래를 말하면 된다.

손 국장: 기념품 누가 정한 거야? (한숨) 이게 기념품으로 적당해?

101

하 대리: 아, 예산에 맞춘 상품입니다만….

손 국장: 이걸 어디다 써! 실용적이지도 않고, 예쁜 쓰레기네. 보는
눈이 없나?

하 대리: 제가 기념품을 잘 못 고르네요. 그럼, 국장님이 골라주시죠!

손 국장: 담당자가 의미가 담긴 좋은 기념품을 찾아야지. 지금 나
더러 하라는 건가?

하 대리: 아니, 제가 조사한 기념품을 모두 마음에 안 들어 하시니
그렇죠.

손 국장: 기념품이 내 마음에 들어야 하나? 받는 사람 마음에 들어
야지?

하 대리: 저는 이 기념품이 괜찮다고 생각합니다. 이걸로 하겠습니다.

손 국장: 허… 참…!

대화를 마친 하 대리도 손 국장도 화가 난다. 이 대화는 왜 이렇
게 불편하게 끝날 수밖에 없을까? '즉각적인 반응' 때문이다. 일터
에는 "이거 누가 한 거야?"라는 말을 잘하는 상사가 있다. 이 사람
들은 자신의 기분과 감정에만 집중하는 사람이다. 듣는 사람이 어
떤 기분일지 깊이 생각하지 않는 사람이다. 즉각적 반응만 하는
사람이다. 손 국장은 기념품이 마음에 들지 않았다. 그래서 이런
형편없는 기념품을 누가 고른 거냐며 질책하는 '즉각적 반응'을
한 것이다. 즉각적 반응은 불쾌함을 부른다.

그렇다면 하 대리는 어떤가? 하대리 또한 즉각적 반응으로 반격하고 말았다. 즉각적 반응들이 충돌하여 대화는 점점 불편해졌다. '기념품을 다시 정하는 문제'에서 '국장님이 마음에 안 들어 하시니'라며 주제를 벗어났다. 거기에 자신이 받은 질책에 대한 기분 나쁨을 한 스푼 더 추가했다. 감정이 대화에 묻어날 때는 즉각적 반응을 멈추기 힘들다. '너도 그래?', '나도 그래!'의 반격이 시작되면 관계는 벼랑 끝으로 질주한다. 이럴 때는 브레이크가 필요하다. 가장 좋은 브레이크는 잠시 말을 멈추는 것이다.

우리는 조금 기다려서 얻는 즐거움을 누려야 한다. 그것은 자기조절 능력이다. 당장의 충동적 반응은 참아라. 잠깐의 멈춤을 통해 감정과 이성을 조절하고 말해라. 상대와의 좋은 관계가 유지되는 더 큰 즐거움을 경험할 수 있다. 해결책 없는 입씨름을 해결하는 방법은 오로지 '입을 다물고 잠시 멈추는 것'뿐이다. 그다음 '우리 모두 더 좋은 결정을 위해 같은 고민을 하고 있었네요'라고 상대를 인정하며 대화를 이어가자. 손 국장도 하 대리도 좋은 기념품을 결정하고 싶은 같은 마음을 가지고 있었다.

[오디션 프로그램에서의 독설 심사평]

〈아메리칸 아이돌〉 사이먼 카월:

형편없네요. 끔찍해요. (노래를) 팔짝 뛰게 못하네요. 이건 시간 낭비예요. 당신은 노래를 못한다고요.

〈미스트롯2〉 박선주:

죄송하지만 만족스럽지 못한 무대다. 노래하는 내내 안타까울 정도로 본인의 페이스를 잃었다. 제가 기대가 너무 컸다. 이걸 바꾸지 못한다면 여기까지가 마지막 무대이지 않을까 걱정이 된다.

〈슈퍼스타K〉 유현상:

뭐 하시는 분이냐? 여기가 어느 자린데 그런 식으로 노래를 하냐? 이 노래 어디서 다시 부르지 마라. 만약에 내가 그렇게 했다면 난 안 나왔을 것이다.

오디션 프로그램이 인기가 있는 가운데 독설 심사평도 주목을 끌었다. 독설(毒舌, 모질고 악독스러운 말)은 한자 그대로는 혀로 독을 쏘는 것이다. 독화살에 맞은 상대는 독이 퍼져 서서히 죽어간다. 말의 독은 비아냥거림, 책임 전가, 비난, 무시, 경멸 등의 언어폭력으로 나타난다. 말의 독에 노출되면 어떻게 될까? 세 가지 반응이다. 충격에 싸여 헤어 나오지 못하거나 애써 무시한다. 그게 아니라면 똑같이 독화살을 준비하고 상대에게 그것을 쏜다. 대부분은 받은 것보다 더 진한 독을 묻힌 화살을 되돌려 주게 마련이다. 결국 말의 독은 나에게 되돌아온다. 독화살을 피하고 싶다면 내 입에서 독화살을 거둬라. 만약 독화살에 맞았다면 빨리 해독하자.

독화살이 이리저리 날아다니는 직장에서 일하고 있는가? 너무 걱정하고 위축되지 말고 해독제와 방패를 준비하자. 잊지 말아야 할 것은 더 짙은 독이 몸에 퍼지기 전에 빠르게 해독하는 것이다. 해독제의 핵심은 멈추고 정확히 느끼는 것이다. 상대의 의도를 잘 파악하면 독인지 득인지 구분할 수 있다. 무슨 말일까? 잘 생각해 보자. '그 말은 객관적인 사실인가?', '그 말을 수용하면 나의 성장에 도움이 되나?', '말하는 사람이 그 분야의 전문가인가?' 이 질문들은 해독제 역할을 한다. 정확히 볼 수 있기 때문이다. 정확히 보고 다시 생각해 보라. 사실 '독'이 아니라 '득'이다.

감정을 빼고 들여다보면 독을 빼고 득을 취할 수 있다. 말하는 사람의 감정과 듣는 나의 감정을 뺀다. 논리적으로 맞는지 파악한다. 나에게 도움이 되는 독설인지 생각한다. 다만 말로 인해 내가 상처를 받았다면 정식으로 사과를 요청해도 된다. 혹은 정말 말이 통하지 않는 상황이라면 '나와 다른 사람이 존재하는구나' 정도로 마음을 비워라. 그것은 마음의 상처를 막는 방패가 된다. 지나간 일을 곱씹어 후회하지 마라. 그보다는 내가 했던 잘한 일을 생각해라. '잘했다'고 나를 칭찬해라.

[대구 지하철 참사, 911 테러, 세월호 참사 당시 마지막 메시지]

- 오늘 아침에 화내고 나와서 미안해. 진심 아니었어. 자기야. 사랑해. 영원히.
- 공부 열심히 하고 착하게 커야 해. 아빠가 미안해.

- 여보, 사랑해. 뭔가 엄청난 일이 일어난 거 같아. 근데 나는 아마 살 수 없을 것 같아. 여보 사랑해. 아이들 잘 부탁해.
- 엄마, 내가 말 못할까 봐 보내 놓는 거야. 사랑해.

우리는 이미 한 말 때문에 후회하기도 하지만 하지 못한 말이 후회로 남기도 한다. 위 메시지는 절박한 마지막 순간에 사랑하는 사람을 생각하며 남긴 메시지다. 그 진심이 큰 파도처럼 전달된다. 우리는 평소에 진정한 속마음을 표현하지 못한다. 왜 표현하지 않을까? '쑥스러워서', '말로 하지 않아도 알아줄 거라 생각해서' 등 이유는 많다. 이유 불문하고 평소에 마음과 진심을 자주 전해주자. 후회를 남기지 말자. 한 일에 대한 후회보다 하지 않은 일에 대한 후회가 몇 배 더 크게 남는다고 한다. 아주 작고 사소한 것이라도 상대방에게 자주 마음을 알려라.

---◆---

했던 일에 대한 후회는 시간이 가면서 누그러진다.
하지 않았던 일에 대한 후회는 무엇으로도 위로받지 못한다.

_시드니 해리스(Sydney Harris)

'말하지 않아도 알아요~' 마음이 통하면 다 안다고? 아니다. 말로 표현하지 않으면 상대방은 아무것도 알지 못한다. 광고에서도 초코 과자를 전해줘야 마음이 통한다고 하지 않는가. 아무 말도 하지 않는데 내 속을 알아주는 경우는 없다. '꼭 말로 해야 아나?' 그렇다! 말로 해야만 안다. '반드시! 말을 해라!' 속상하다면 속상하다고, 고마우면 고맙다고, 도움을 받았으면 덕분에 좋았다고 말이다. 얼마나 사랑하는지, 얼마나 고마워하는지 상대를 생각하는 진심을 전달하면 상대와의 관계는 저절로 좋아진다.

직장에서도 고마운 일이 생긴다면 반드시 말로 고마움을 표현해라. 시간을 내서 내 일을 도와준 직장동료, 새로운 직장에 적응할 수 있도록 직장 문화를 알려준 선배, 업무 관련 지도를 해주는 직장 상사 모두가 고마운 사람이다. '당연히 알려줘야지'라는 생각은 버려라. 그들은 소중한 시간을 내어 도와준 것이다. 도움을 받았다면 고마움을 표현하는 것이 당연하다. 감사의 인사가 쑥스럽다면 메모를 적은 커피 한 잔을 책상에 올려두는 것도 좋다. '그때 ~라고 말할 걸 그랬어'라는 사후 약방문은 아무짝에도 쓸모가 없다. 그러니 어떻게든 진심이 전달될 수 있게 표현하라. 쑥스럽고 어렵지만 해라.

지나간 일에 대한 후회는 그 무엇으로도 되돌릴 방법이 없다. 상대에게 상처가 되는 말을 뱉고 나서 하는 후회, 나의 진심을 상대에게 전하지 못한 후회, '그때 그러지 말걸', '그때 이렇게 할걸' 후회한다고 달라지는 것은 아무것도 없다. 지나간 시간을 붙잡으려 애쓰며 후회 속에 있지 말라. 지나간 것은 그대로 보내주어라.

후회를 남기지 않기 위해 말을 아껴라. 다가오는 시간에 후회를 남기지 않기 위해 자주 표현해라. 후회 없는 새로운 미래를 말해야 한다.

칭찬

조언이나 충고를 할 때는
칭찬을 하면서 해야 한다

좋은 칭찬을 한 번 듣는 것만으로도
나는 두 달을 살 수 있다.

_마크 트웨인(Mark Twain)

칭찬에 누구나 어깨가 으쓱해진다. 기분도 금세 좋아진다. 생각
지도 못했던 칭찬이라면 상대는 고래처럼 춤을 출 수도 있다. 만
약 하던 일이 잘못되었을 때 질책이나 책임 추궁이 아닌 노력에
대한 칭찬이 돌아온다면 어떨까? 칭찬을 들은 상대는 의외의 반
응에 눈이 휘둥그레진다. 자신의 노력을 알아줌에 감사하다. 동시

에 자신의 실수가 부끄럽다. 그렇기 때문에 '다음에 꼭 이번 실수를 만회해야지!'라는 다짐을 한다. 실수를 다그치는 것보다 칭찬이 좋은 효과를 가져오는 이유다.

> A: 이번 모금행사는 기획이 잘못되었어. 대상이 잘못 정해지니 모금도 이 모양이지. 모금행사를 완전히 망쳤어.
>
> B: 모금행사 기획하고 진행하느라 수고했어. 좋은 결과는 아니지만, 너무 실망하지 말고 다음에 잘하자.
>
> C: 모금 대상을 새롭게 시도해 본 건 정말 의미 있었어. 기부에 얼마나 관심이 있는지 확인한 기회였어. 우리가 가야 할 방향이 명확해졌으니, 다음 행사는 더 잘 준비하자.

같은 결과를 놓고도 A, B, C는 다른 반응을 하고 있다. A는 최악의 반응이다. 결과에 대한 책임 추궁과 질책으로 일관한 반응이기 때문이다. 말할 나위 없이 상대와의 갈등을 만들어 내는 대화법이다. B는 어떤가? 우리가 흔히 사용하는 칭찬의 방법이다. 그러나 잘 들여다보아라. 칭찬이라기보다 '이번을 교훈 삼아 다음에 꼭 잘하라'는 조건부 응원이다. C가 하는 말이 바로 칭찬이다. 행사의 의미를 객관적으로 평가한다. 또한 결과(모금액)에 관계없이 상대의 노력을 칭찬한다. A, B, C의 말을 들은 직원은 다음 행사를 준비하는 마음가짐이 각기 달라진다. 그에 따른 행사의 결과도 분명 달라진다.

미국의 심리학자 엘리엇 애런슨(Elliot Aronson)과 다윈 린더(Darwyn Linder) 박사의 '말의 순서에 따른 호감도' 실험이 있다. 실험자를 다음 네 가지 조건으로 말하게 한다. 조건 1) 일관되게 칭찬을 한다. 조건 2) 칭찬을 하다가 부정적 평가로 마무리한다. 조건 3) 부정적인 평가로 시작해서 칭찬으로 마무리한다. 조건 4) 일관되게 부정적으로 평가한다. 조건별 호감도를 측정한 결과, 세 번째 조건에서 호감도가 가장 높았다. 부정적인 평가로 시작하여 칭찬으로 마무리하는 반전이 있는 말이다. 가장 낮은 호감도는 놀랍게도 두 번째 조건이다. 일관되게 부정적 평가만을 하는 조건 4보다도 호감도가 더 낮았다. 긍정적인 말인 칭찬을 하다가 자신을 부정적으로 평가하는 말로 마무리했기 때문이다.

말을 하는 순서는 상대와의 관계에도 영향을 미친다. 그렇다면 부정적인 지적하는 말을 먼저 할까? 긍정적 칭찬의 말을 먼저 할까? 앞선 실험의 결과를 살펴보면 시작하는 말보다 마무리하는 말이 중요함을 알게 된다. 말의 마무리는 긍정적인 말로 하라. 따뜻한 충고에 '용기'가 생기고 차가운 충고에 '흉기'가 생긴다는 말이 있다. 흉기를 넣고 용기를 꺼낼 수 있는 칭찬의 말로 상대와의 대화를 마무리하라.

김 과장: 정말 좋은 차를 선택하셨습니다. 타이어를 업그레이드한

다면 더 좋아집니다.

박 과장: 우와! 차를 보는 안목이 대단하십니다. 손님에게 어울리
는 완벽한 차를 딱 알아보시네요! 손님처럼 적극적이고
멋진 모험형의 드라이버에게 맞는 타이어 업그레이드 옵
션도 여기 있습니다.

우리는 영업사원이 왜 좋은 말을 하는지 안다. 그럼에도 우리는
김 과장보다는 박 과장에게 차를 사고 싶지 않은가? 아니, 박 과장
에게 타이어 업그레이드 한 차를 사고 싶어진다. 우리는 이것이
영업을 위한 칭찬임을 알고 있다. 그렇다 하더라도 기분이 좋다.
상대의 말대로 따르고 싶어진다. 칭찬의 말하기가 갖는 마술 같은
힘이다. 그러므로 칭찬할 때는 한바탕 들썩들썩하게 적극적으로
상대를 주인공으로 만들어라.

칭찬을 들으면 기분이 좋아진다. 기분이 좋아지면 대뇌가 활발
하게 활동한다. 우리 뇌는 자주 듣는 말에 따라 시냅스가 형성된
다. 그러므로 기분 좋은 칭찬을 자주 듣는 사람의 뇌는 활발하게
긍정적 사고를 만든다. 칭찬을 자주 듣는 사람은 문제를 해결하고
자 적극적으로 방법을 찾아 나선다. 더욱이 우리의 무의식은 칭찬
받은 그 모습에 가까워지기 위해 노력한다. 상대가 부담을 느끼지
않는 생동감 있는 칭찬은 상대를 변화시키는 좋은 칭찬이다. 더
나아가 상대의 욕구를 충족시키는 칭찬은 가장 훌륭한 칭찬이다.

훌륭한 칭찬은 결국 상대와의 돈독한 관계를 만든다.

욕구를 충족시키는 칭찬은 어떤 것일까? 미국의 심리학자 윌리엄 제임스는 '인간은 인정받고 싶은 욕구가 강하다'고 했다. 식욕, 수면욕, 성욕 다음으로 중요한 '인정욕구'는 작은 칭찬으로도 채워질 수 있다. 미국의 심리학자 에이브러햄 매슬로(Abraham Maslow) 역시 '인간 욕구 5단계'에서 '사람은 내가 누군가에게 인정받았을 때 자신이 매우 가치 있는 존재라고 느낀다'라고 인정욕구를 설명한다. 자신이 가치 있는 존재라는 인정을 받는 것은 칭찬과 감사의 말만 전해 들어도 채워진다.

박 부장: 이번 행사에 최 팀장은 적극적으로 참여하지 않았습니다.

최 대리: 네? 저도 열심히 함께했는데요.

박 부장: 행사 준비시간에 늦게 내려왔잖아요!

최 대리: 아, 급히 처리할 일이 생겨서 조금 늦었습니다.

박 부장: 다른 사람들도 모두 바빠요. 최 팀장만 바쁜 거 아니죠! 나는 정확한 사실만 이야기했습니다.

최 대리: ….

권 팀장: 행사 준비에 함께 해주면 좋겠어요.

최 대리: 아, 급히 처리할 일이 있었습니다.

권 팀장: 네~ 항상 열심히 하는 최 대리님이니 사정이 있었겠죠.

함께 준비사항 마무리 해주세요.

최 대리: 행사를 재미있게 할 아이디어를 생각해 봤습니다.

권 팀장: 항상 아이디어가 좋은 최 대리님이니 그 방법이 무척 궁금하네요.

최 대리: 네!! 이런 방법은 어떨까요?

'당신은 충분히 해낼 수 있다', '당신은 가장 좋은 선택을 할 것이다' 이런 칭찬을 우리는 '기대'라고 한다. 기대와 칭찬은 상대에 대한 신뢰를 바탕으로 한다. 기대는 결과보다 사람 고유의 특징에 초점을 맞춘다. 상대방이 어떤 강점을 가졌는지 무엇을 잘하는지 관찰하라. 그리고 그것을 칭찬하라. 사람은 기대받는 모습으로 변하려고 한다. 기대가 칭찬이 되고 칭찬은 더 깊은 신뢰와 기대로 이어지는 선순환이 된다.

하버드대 심리학과 로젠탈(Robert Rosenthal) 교수의 '피그말리온 효과' 실험은 칭찬과 기대가 사람을 변화시키는 것을 보여준다. 로젠탈 교수는 새 학기에 학생들을 무작위로 섞어 반을 구성한다. 하나의 반을 특별반으로 이름 짓고 새로운 선생님 배치한다. 선생님에게 '이 반의 아이들은 특별한 잠재력을 가진 아이들'이라는 정보를 줬다. 실험 결과 이 반의 아이들은 전체 평균보다 높은 성적을 거뒀다. 특별하지 않고 평범한 아이들은 왜 달라졌을까? 선생님이 일 년 내내 기대와 칭찬으로 관심과 애정을 쏟았기 때문이다. 기대와 칭찬이 학생들의 태도를 좋아지게 했다. 성적도 올랐다. 기대가 실제로 나타나는 피그말리온 효과(Pygmalion effect)는 우리도 만들 수 있다.

어떻게 고래는 칭찬을 통해 춤출 수 있는가? 아이들에게 '잘한다! 잘한다!! 잘한다!!!' 칭찬해주면 신이 나서 그 행동을 몇 번이고 반복한다. 그러면서 실제로 더 잘하게 된다. 이것은 '기대' 때문이다. 칭찬은 기대를 품고 있다. 상대가 그것을 해낼 것이라 기대하며 관심과 애정을 기울인다. 기대에 부응하기 위해 자신감 있게 행동할 수 있다. 칭찬은 자신감의 근원이다. 기대하는 모습에 가까이 가려 자신감 있게 노력하면 고래도 춤출 수 있게 된다.

조언이나 충고는 상대를 위한 말이다. 그렇지만 쉽게 감정이 상할 수 있는 말이다. 쓰디쓴 충고는 달디단 칭찬으로 감싸야 한다. 칭찬을 잘하는 것은 어렵다. 사실에 근거해 칭찬하라. 상대의 긍정적인 면을 말하라. 기분 좋아지는 따뜻한 말이 좋은 칭찬이다. 칭찬은 듣는 사람도 말하는 사람도 모두 기분 좋아지게 한다. 좋은 관계 유지를 위한 조언의 방법을 기억하라. 부정적 메시지를 줘야 한다면 긍정적 메시지 다섯 번과 함께 해라.

서로 존중의 효과

서로 존중하며 말해야
관계가 좋아진다

서로를 존중하는 말하기는 건강한 관계를 만든다. 존중한다는 것은 귀하게 생각하는 것이다. 존중받으면 상대의 권력에 비굴해지지 않는다. 권력을 차지하려고 애쓰지 않는다. 서로 대등한 관계가 된다. 관계가 대등해지면 대화도 평등해진다. 상대의 생각과 평가에 휘둘리지 않는다. 상대에게 인정받으려 애쓰지 않게 된다. 마침내 독립적이고 주체적인 대화가 가능하다. 대화에 있어 수평적 권력의 유지는 건강한 관계에 있어 매우 중요하다. 존중하면 말투와 관계가 좋아지는 효과가 있다.

송 대표: 왜 매번 내가 지시하는 게 이루어지지 않지요?

맹 팀장: 죄송합니다. 다음 주까지 정리해서 보고드리겠습니다.

송 대표: 계속 이런 식으로 일도 못하고, 직원 관리도 안 된다면 팀
　　　장 직함을 뗄 수밖에 없어요!

맹 팀장: 네… 죄송합니다.

　송 대표는 폭력적이다. '당신은 나보다 낮은 직급이니까 내 말을 들어라'라는 생각으로 말을 한다. 직장 상사는 직원과의 개인적 관계에서 우위를 차지하려 한다. 그럼으로써 우쭐한 감정을 즐긴다. 그렇지만 우쭐한 감정은 오래 가지 않는다. 그것은 건강하지 못한 쾌락일 뿐이다. 권력으로 찍어 누르지 말라. 부하직원을 함께 걷는 동반자로 생각해야 한다. 직급이 낮더라도 존중받고자 함을 당당히 요구하라. 존중받지 못했을 때의 감정도 솔직히 전달하라. 상사의 권력 남용에 브레이크를 걸 수 있다.

　작가인 제임스 레드필드(James Redfield)는 '인간은 관계에서 우위를 점하고 싶어 하며, 내 의견이 관철되면 스스로 강하다고 느낀다. 심리적으로 만족감을 느낀다'라고 이야기한다. 우위를 점하고자 하는 사람은 말투가 변한다. 나보다 작은 직급의 사람에게 위압적인 말투를 사용한다. 명령이나 강요의 말투를 사용한다. 상대가 내 말에 따르는 모습에 만족감을 느끼는가? 당신이 상대를 존중하고 있지 않다는 증거다. 이런 사람은 자기보다 높은 직급의 상사에게 깍듯한 말투를 사용할 가능성이 높다. 서로 존중의 의미

를 모르는 사람이다.

상대를 존중하는 사람은 정중한 말을 사용한다. '뭐 한 거야? 빨리 확인해!!'라고 하지 않는다. '급히 처리하는 게 좋겠습니다. 확인 부탁합니다'라고 정중하다. 물론 주변에 이런 상사는 많지 않다. 아니 극소수다. 정중한 상사와 일하고 있다면 당신은 매우 운이 좋은 사람이다. 그렇지 않은 상사와 함께 있다면 우리는 그들이 정중해지도록 브레이크를 계속 걸어줘야 한다. '분란을 만들기 싫으니 넘어가자'라고 생각하지 마라. '지금 그 말씀은 듣기가 불편합니다'라고 솔직한 감정을 전달하라. 존중받는 느낌이 들어야 상대를 신뢰할 수 있다. 내 자존감도 올라간다.

김친근 센터장: 안녕하세요? 지난번 컨퍼런스에서 뵙고 여기서 다시 뵙습니다.

안소통 위원장: 아… 네… 반갑습니다. 그런데 성함이 어떻게 되셨지요?

김친근 센터장: 안녕하세요? 지난번 회의 때 만났었지요? 다시 뵈니 반갑네요.

왕소통 소장: 네! 맞습니다. 김친근 센터장님. 그동안 잘 지내셨어요?

당신은 누구와 이야기를 더 나누고 싶은가? 누구에게 마음이 더 가는가? 누구라도 왕소통 소장에게 마음이 갈 것이다. 조금 더 이야기를 나누고 싶을 것이다. 왜? 나의 이름을 기억하고 불러주었기 때문이다. 이름을 불러준다는 것은 '나'라는 사람을 존중한다는 것이다. 나를 기억해주는 사람에게 호감을 갖기 마련이다. '이름을 불러주면 그에게로 가 꽃이 되어준다'고 하지 않았던가. 나의 이름을 불러주면 그 사람에게 가서 좋은 관계를 맺고 싶다. 뿐만 아니라 나의 좋은 모습을 보이고 싶다. 이름을 불러주는 순간 가치 있는 존재가 되었기 때문이다. 나의 가치를 존중받았기 때문이다.

사람이 많고 시끄러운 곳에서도 누군가가 내 이름을 부르면 잘 들린다. 런던대 인지 심리학자 콜린 체리(Colin Cherry) 박사는 음악과 다양한 소음이 많은 칵테일파티에서도 내가 원하는 소리가 귀에 잘 들리는 현상을 '칵테일파티 효과'라고 이름 지었다. 칵테일 효과 덕분에 우리는 꾸벅꾸벅 졸다가도 안내방송 소리를 듣고 내릴 정류장을 놓치지 않고 내린다. 나에게 의미 있는 정보는 자동으로 귀와 마음에 꽂힌다. 상대의 이름을 불러보라. 그는 나에게 '호감'이라는 반응을 할 것이다.

존중과 이름 부름이 가져오는 엄청난 결과를 보여주는 실험이 있었다. 사회 정서 프로그램인 SEL 프로젝트이다. 이 실험은 미국 네바다주 와슈 카운티 98개 학교에서 진행되었다. 교사가 학생이

졸업할 때까지 그의 얼굴과 이름을 기억하는 것이었다. 실험 시작 후 5년이 지나 확인한 결과는 놀라웠다. 학업성취도와 출석률이 매우 개선되었다. 졸업률도 18%가 높아졌다. 학교 규칙을 위반하는 건수도 눈에 띄게 줄어드는 결과가 나타났다. 이름을 불러준다는 것은 단순한 것이 아니다. '당신을 알고 당신을 존중하고 있습니다'라는 뜻이다. 그렇기 때문에 긍정적인 대화가 가능하다. 서로 유대감과 소속감이 증대된다. 직장에서도 직급과 함께 이름을 불러보자.

S국장: 오늘까지 무조건 사업계획서 보내라고 해.

K팀장: 쓰는 방법을 알려달라고 하고 있습니다.

P부장: 진짜 답 안 나오는 애네.

S국장: 뭐 저런 애가 다 있어? 업무평가하고 페널티 줘!

P부장: 업무 해태라고 경고하고 인사위원회 회부될 수 있다고 하죠.

S국장: 가장 센 압박을 해!

'~하는 애네', '…저런 애가 다 있어?' 직장상사가 부하직원에 대해 이렇게 말하는 것을 들어봤는가? 그러려니 흘려들었나? 아니면 듣기 불편한가? 이런 말은 사람과 사람, 즉 '너와 나'의 대화가 아니다. 상대를 물건 취급하는 말투다. 사람을 존중한다면 저렇게 무리한 억지 결정은 하지 않는다. 지금 당장 화가 치밀어 오르더라도 상대를 존중해야 한다. 존중받지 못하고 물건 취급받는 '나와 물건(그것)'의 대화에서 상대 역시 화로 대응하는 것은 당연하다. 둘의 관계가 어긋날 것도 불 보듯 뻔하다. 화가 났어도 상대를 존중하는 '너와 나'의 말투를 유지하라.

중국 한나라 항우와 유방의 패권 전쟁에서 유방은 열세에 있었다. 세력이 막강했던 항우가 전쟁에 패하게 된 이유가 뭘까? 바로 공포정치 때문이다. 사나움을 무기로 한 맹장은 사람을 얻지 못한다. 항우는 무자비한 살인과 생매장으로 항복을 유도했다. 공포정치로 인해 점차 민심을 잃었다. 반면 유방은 민심을 살피며 의견을 들었다. 주변의 반군들과도 연합하는 정책을 폈다. 상대의 의견에 귀 기울였다. 상대를 존중한 것이다. 존중은 신뢰를 낳는다. 신뢰는 설득의 기본이다. 설득은 내 말에 귀 기울여 들어주는 것이다. 리더십에 꼭 필요한 것이다. 유방은 그렇게 사람들을 존중함으로써 리더십을 발휘할 수 있었다. 천하를 가지려면 상대를 존중함이 필요하다.

독일의 철학자 게오르크 헤겔(Georg Hegel)은 '마음의 문을 여는 손잡이는 안쪽에 있다'고 말했다. 손잡이가 없기 때문에 바깥쪽에서는 마음의 문을 열 수 없다. 상대가 스스로 문을 열고 나와야 한다. 존중하고 신뢰하면 상대는 나를 보고 싶어 한다. 상대는 그럴 때 안쪽 손잡이를 돌려 문을 열고 나온다. 나와 의견이 달라도 그를 존중하라. 화가 나도 상대를 존중하라. 존중함만이 소통할 상대를 밖으로 나오게 할 수 있다. 상대와의 존중이 무너지면 관계도 무너진다. 마음의 빗장이 없는 좋은 관계를 만들자.

존중은 연습하면 더 잘할 수 있다. 훈련이 가능한 기술이다. 그렇기는 하지만 나와 가까운 사람과 하기가 어렵다. 배우자를 존중하기 어렵고 자녀에게 존중받기가 가장 어려운 이유다. 마찬가지로 직장 상사를 존중하기 어렵고 부하직원에게서 존중받기가 가장 어렵다. 가까운 관계일수록 상대방을 존중하고 신뢰를 쌓자. 신뢰는 나의 말을 듣게 하는 설득의 힘을 가지고 있다. 모든 인간관계는 존중을 통해 가치 있어진다. 서로 존중하라. 그러면 관계가 좋아진다.

PART

3

눈높이

사람은 집중하고 있는 주제만 관심을 가지므로
그에게 맞춰서 대화해야 한다

한때 몸을 낮춰 눈높이를 맞추며 주문을 받는 식당이 많았다. 아직도 기내 퍼스트 클래스에서는 비슷한 자세로 승객을 응대하고 있다. 왜 눈높이를 맞추는가? 짧은 시간 상대에게 친근하게 다가가기 위함이다. 당신의 이야기를 진심으로 듣고 있다는 표현이다. 이에 더해 상대가 보는 것을 함께 보겠다는 다짐이다. 눈의 높이가 달라지면 보이는 것이 달라지게 마련이다. 보이는 것이 달라지면 상대와의 대화도 달라진다. 상대의 관심사에 눈높이를 맞춰 집중하라. 상대는 내가 들어갈 수 있도록 '문'을 활짝 열 것이다.

아기: 맘…마 맘마.

엄마: 아고, 우리 아기 맘마 먹을까요?

딸: 아빠는 신하 해, 나는 공주님이야!
아빠: 네~ 공주님, 분부만 내리십시오!

사위: 어머님, 건강에 좋은 음식을 드셔야 합니다.
장모: 우리 정 서방이 내 건강을 생각해주는구먼. 정말 고마워.

눈높이 대화는 상대의 말을 잘 듣는 것으로 시작한다. 상대의 관심이 어디에 있는지 집중하며 들으면 눈높이를 맞출 수 있다. 아기의 '맘마' 소리에 집중하지 않으면 배고픈 아기에게 음식을 줄 수 없다. 아빠를 신하로 만든 딸은 아빠를 무시하겠다는 것이 아니다. 아빠와 즐겁게 놀이를 하고 싶은 것이다. 상대의 의중을 파악했다면, 눈높이에 맞는 대화(맞장구)를 해라. 건강을 걱정하는 사위에게 "내게 잔소리하는 건가? 내가 알아서 잘 먹고 있네!"라고 한다면 사위와의 관계는 끝이다. 상대의 말에 나의 눈높이를 맞춰라.

미국 시카고대 리처드 세일러(Richard H.Thaler) 교수와 하버드대 캐스 선스타인(Cass R. Sunstein) 교수의 공동저서 《넛지》에는 눈높이와 관련한 좋은 예가 있다. 실험을 위해 스히폴 공항 남성 소변기에 파리 스티커를 붙였다. 소변을 흘리지 말라는 안내 문구보다 훨씬 효과가 좋았다. 왜 그럴까? 눈높이를 맞춘 부드러운 개입(넛지)이 행동을 유도한 덕분이다. 눈높이를 맞추는 것은 상대의 관심에 집중하는 것이다. 집중된 관심사를 통해 상대를 이해하는 것이다. 결국 부드럽게 상대를 움직여서 내가 원하는 행동을 끌어내는 것이다. 강요하지 않아도 소변을 흘리지 않는다. 파리에 집중하도록 눈높이를 맞췄기 때문이다.

'하지 마시오' 혹은 '반드시 이렇게 하시오!'와 같은 제재는 많다. '탕비실을 깨끗이 사용하라. 이면지를 사용하라. 비용처리 할 때는 이렇게 하라. 3번 어길 시 페널티 적용. 불량한 복장 금지' 등 회사에 강력한 제도와 규제가 있어야 한다고 생각하는가? 규제와 제도를 잘 지킨다고 좋은 회사가 되는 것이 아니다. 규제와 제도는 서로 다른 눈높이에 기준선을 그을 뿐이다. 나그네가 옷을 벗도록 하는 것은 강한 바람이 아니다. 살살 뿌려주는 따뜻함이다. 부드러운 개입은 따뜻한 햇볕이다. 눈높이 대화다. 눈높이 대화에 나그네는 스스로 기꺼이 옷을 벗는다.

아들: 엄마 나는 스파이더맨이야.

나: 우와~ 완전 멋진 스파이더맨이 한국에도 나타났네.

아들: (슉슉- 거미줄 쏘는 동작) 시민 여러분, 빨리 대피하십시오. 악당
　　　이 나타났습니다!

나: 어머나 스파이더맨~ 김준서 어린이 방이 너무 지저분해서 악

당이 나타날 것 같아요.

아들: 앗!! 그러면 안 됩니다. 내가 도와주겠습니다. (삭삭삭- 방을 치움)

나: 우와~ 스파이더맨 덕분에 위험이 사라졌습니다. 고마워요. 스파이더맨~

아들: 위험이 감지되면, 또 불러 주십시오~ (휘릭)

나: 이제 아무도 정체를 모르게 빨리 일반인으로 변신해야지!

아들: (옷 갈아입음) 엄마, 나는 이제 김준서야. 내가 스파이더맨인 건 비밀이야.

스파이더맨을 좋아하는 아이가 5살 때 있었던 일이다. 원하던 스파이더맨 옷을 사주었더니 하루 종일 스파이더맨으로 생활했다. 나는 아이와 눈높이를 맞췄다. 내 아이가 아닌 스파이더맨으로 대해주었다. 그러자 스파이더맨은 스스로 방도 치우고, 옷도 벗어 정리한다. 만약 "이제 옷 갈아입어", "빨리 방 정리해!"라고 말했다면 아이는 했을까? 기분 좋게 적극적으로 했을까? 눈높이에 맞는 대화는 기분 좋은 대화다. 눈높이가 맞는 대화는 상대를 움직이게 한다.

중국의 정치사상가 한비는 '수레를 만드는 사람은 모든 사람이 부자가 되기를 바라고, 관 짜는 사람은 사람들이 많이 죽기를 바란다'고 말한다. 수레장수는 마음이 선하고 관 짜는 사람은 악한 사람인가? 아니다. 둘 다 자신의 이익에 집중한 사람일 뿐이다. 수

레장수는 사람들이 부자가 되어야 수레를 많이 팔 수 있다. 관 짜는 사람 또한 사람들이 죽어야 관을 팔 수 있기에 이를 기다릴 뿐이다. 눈높이를 맞춘 대화를 하려면 상대방이 무엇에 눈을 맞추고 있는지 알아야 한다. 상대방을 잘 살피면 눈높이 대화는 쉽다.

눈높이에 대한 이야기는 소크라테스도 했다. '목수와 대화할 때는 목수의 언어로 이야기하라'라는 말은 그 사람의 눈높이로 말하라는 것이다. 모든 사람은 자신만의 '언어'가 있다. 의사는 의사의 언어, 사회복지사는 사회복지사의 언어, 팀장은 팀장의 언어로 말한다. 서로 다른 언어를 사용하는 사람이 대화해야 한다면 언어를 통일해야 한다. 통일해야 통한다. 영어를 쓰는 사람과 한국어로 말해봐야 통하지 않는 것과 같은 이치다. '팀장님은 왜 그럴까?' 답답해하지 말고 팀장의 언어를 배워라. 통할 것이다.

구걸하는 맹인: 제발 도와주세요. 저는 앞을 볼 수 없습니다. 먹을
　　　　　　　것이 없어요. 작은 돈이라도 부탁합니다.
행인들: ……. (눈길도 주지 않는다.)
지나가던 소녀: (맹인 앞의 종이에 글을 적어 놓는다.)
행인들: 힘내세요. 큰 도움은 아니지만 (돈을 넣는다). 용기를 잃지
　　　　마세요. (돈이 많이 모인다.)
구걸하는 맹인: 제 앞에 뭐라고 쓰여 있나요? 이 글 덕분에 모든 것
　　　　　　　이 바뀌었어요.

행인: (글을 읽는다.) 정말 아름다운 날이군요. 그러나 저는 이렇게 멋진 날을 볼 수가 없습니다.

세상을 어떤 눈높이로 바라보느냐에 따라 나의 언어도 달라진다. 위 내용은 영상으로 많이 알려져 있다. 영상의 말미에 이런 말이 나온다. '단어를 바꾸면, 세계가 바뀐다(Change the Words, Change the World)' 나의 언어를 바꾸면 나의 세계는 달라진다. 그렇다면 나의 언어를 바꾸려면 어떻게 해야 할까? 나의 생각을 바꿔야 한다. 긍정적이고 좋은 생각을 하고 그런 말을 자주 들어야 한다. 그냥 나오는 말은 없다. 모든 말은 하는 사람의 욕망과 욕구를 담는다. 상대의 욕망과 욕구를 살피면 세상을 바꾸는 말을 할 수 있다.

눈높이 대화를 잘할 수 있는 방법을 몸에 익혀라. 가장 먼저는 듣는 것이다. 상대방이 무슨 이야기를 하는지 집중해서 듣자. 잘 들었다면 관련성 있는 이야기를 이어가라. 동문동답, 서문서답을 해야 정답이다. 눈높이 대화, 즉 통하는 대화를 하는 핵심 중의 핵심이 있다. 바로 질문이다. 적절한 때에 적절한 질문을 하는 것이다. 이러한 질문은 내가 당신의 이야기에 관심을 가지고 있다는 표현이다. 더 듣고 싶어 한다는 알림이다. 상대는 좋아한다. 상대는 신나서 더 대화하려고 한다. 나를 호감의 상대로 인식한다. 내가 하고 싶은 말을 미리 생각하느라 시간을 보내지 않는 것이 중요하다. 내가 할 말은 생각하지 말고 상대의 말을 끝까지 잘 들어라.

눈높이 대화에 있어 지금까지 보던 것과 다르게 보려는 시도는 중요하다. 한양대 교육공학과 유영만 교수는 그의 저서《언어를 디자인하라》에서 업의 본질을 재정의해 보라고 제안한다. 예를 들어 그는 전업주부인 아내를 집안일하는 사람이 아닌 가정 내 '최고재무책임자'로 규정해 보라고 한다. 최고재무책임자가 된 아내는 그 역할에 맞게 경제적 관리를 위한 생각과 문제해결에 집중하게 된다고 말한다. 만들어지고 불려지는 정의가 그 사람을 새롭게 디자인해준다. 그렇다면 우리는 회사의 상사를 꼰대가 아닌 현명한 조언자라고 재정의해 보자. 현명한 조언을 해주려 고민하고 노력하지 않을까?

우리 아이들이 업의 재정의를 잘하고 있어서 소개한다. 초등학교 학급에서 역할에 따라 재미있는 이름으로 재정의한다. 우리 반 우유 배달부- 우유 급식 챙기는 역할, 뻐꾸기- 친구들에게 시간 알려주기, 기차- 필요할 때마다 줄 세우는 도우미 역할, 우리 반 도서관- 학급 도서 정리하는 역할, 장영실- 친구 공부 도와주기, 기상청- 날씨를 알려주고, 우산 챙기라고 알려주는 역할이다. 이렇게 재정의한 업무는 힘들고 귀찮지 않다. 즐겁게 그 역할을 할 수 있다. 우리도 해볼까? 꼼꼼 완벽한 문서관리자, 철두철미 예산 집행관, 아이디어 뱅크, 외부 자원 컬렉터, 협상의 대가, 프리젠테이션 발표의 왕, 으라차차 응원단장 등은 어떨까?

높이가 맞지 않는 곳에 있는 사람과는 소통하기 어렵다. 보이는 것과 들리는 것이 다르기 때문이다. 내가 아무리 좋은 말을 해도 내 뜻을 정확히 듣지 않는다. 오해와 갈등이 깊어진다. 언어를 통일하여 소통하라. 눈높이를 맞춘 대화로 말하라. 상대가 나에게 집중하며 내 말을 들어줄 때 말하는 사람은 즐겁다. 말이 통하지 않는 상사와의 대화에서 힘이 드는가? 일을 더 열심히 하는 것보다 상사의 언어를 배우는 것이 먼저다. 그것은 바로 눈높이 대화다.

역지사지

입장을 바꿔서 생각하고 말해야
관계가 좋아진다

역지사지란 무엇인가? 상대의 입장이 되어 생각해 보라는 것이다. 역지사지는 나의 공간에서 상대의 공간으로 들어가는 것이다. 그 공간에서 상대방의 생각과 욕구를 느끼려 노력한다. 상대의 상황을 이해하게 되면 그가 하는 말과 행동을 헤아리기 쉽다. 이해의 폭이 넓어지기 때문이다. 상대의 입장에서 생각하면 내게서 나오는 생각과 말이 달라진다. 상대를 제대로 이해하기 위해 나의 관점을 달리하라. 진정으로 상대방에게 공감하는 역지사지 대화를 해보라. 관계는 자연스럽게 긍정적으로 좋아진다.

아이: (이리저리 뛰어다니며) 부릉부릉~ 아빠! 여기 봐. 음료수도 많아~

조문객 1: 아니, 누가 장례식장에 애를 데려와서 저렇게 떠들게 놔
　　　　두는 거야?

(많은 사람들이 눈살을 찌푸리며 아이 부모를 찾는다.)

조문객 2: 아이가 너무 떠드는데, 아이 좀 챙기시죠. 아이 부모가
　　　　누굽니까?

상주: 죄송합니다. 너무 갑작스러운 사고라, 엄마 소식을 아이에게
　　　아직 말하지 못했습니다. 불편을 끼쳐드려 죄송합니다.

(그 뒤 누구도 즐겁게 뛰어다니는 아이에게 뭐라 하지 않았다.)

　내가 모든 상황을 다 안다고 생각하지 마라. 내가 상대방을 잘 안다고 착각하지 마라. 내가 하는 말이 모두 맞다고 착각하지 마라. 상대의 상황에 들어가 보지 않으면 상대의 말과 행동을 헤아릴 수 없다. 장례식장에서 뛰어다니는 아이와 갑자기 떠난 엄마에 대해 모르는 장례식장에서 뛰어노는 아이는 같은 아이다. 그 아이에 대해 눈살을 찌푸리는지 눈가를 적시는지 그 차이는 역지사지로 달라진다. 그 차이는 굉장히 크다.

　오하이오주립대 로버트 번크랜트(R.E Burnkrant)는 '입장을 바꿔서' 생각하는 것이 상대를 설득하는 데 효과적이라고 한다. '나라면 어떻게 했을까' 혹은 '당신이 나라면 어떻게 하겠습니까'라고 물어보자. 오해 없이 상대를 이해할 수 있다. 또한 상대에게 나를 이해시킬 수 있다. 상대의 입장을 생각해 보는 기회를 자주 가져

라. 역지사지의 시간을 갖기 전에는 상대의 입장을 알기 어렵다. 자주 상대의 공간에 들어가라.

'내로남불'이라는 말이 있다. 내가 하면 로맨스지만 남이 하면 불륜이라는 말이다. 회사에도 내로남불인 사람이 많다. 내가 하는 실수는 '어쩌다 한 번이잖아'라며 웃어넘긴다. 반면에 다른 사람이 한 실수에는 가차 없이 책임을 묻는다. 능력이 없거나 게으른 것으로 폄하한다. 그 직원은 다음번 업무에서 긴장감이 높아지고 능력 발휘나 성과에 영향이 미칠 것이다. 직장생활에서 좋은 결과를 원하는가? 실수를 인정해 주는 역지사지의 조직 문화를 만들어라. 상대를 이해하려는 여유와 아량을 가져라. 'I'm OK, You're OK.'

부장: 왜 나를 뛰어넘고 국장에게 먼저 보고하나? 나를 무시하는 건가?

차장: 네? 아닌데요. 부장님께 보고하고 결재받고 있습니다.

부장: 국장님과 먼저 상의하고 결정한 사항들을 보고하고 있잖아요?

차장: 오해가 있으신 것 같습니다. 제가 국장님과 이야기 나누는 것은 개인적인 조언이 필요할 때입니다. 같은 여자고, 워킹맘이고 이래저래…….

부장: 오~ 그래요? 그래서 계속 나를 무시하겠다? 어디 한번 해 봅

시다.

차장: 그렇게 비꼬아서 말씀하시는 게 맞다고 생각하시나요?

상대의 상황과 기분을 전혀 고려하지 않은 말은 상처를 준다. 부장은 자신의 기분에만 집중한 대화를 하고 있다. 이 대화 이후 부장과 차장은 좋은 관계를 유지할 수 있을까? 아니, 서로 냉랭하고 사무적 대화만 할 뿐이다. 마음속 앙금이 갯벌의 진흙보다 찐득하게 남는다. 부장은 기분 나쁨을 표현하기에 앞서 상대의 상황을 살폈어야 했다. 왜 국장과 자주 대화의 시간을 갖는지 그 이유를 들었다면 부장도 이해의 말을 할 수 있었을 것이다. 차장은 워킹맘으로 고민이 많다. 일도 잘하고 싶다. 여성 선배의 따뜻한 조언이 필요했다. 그러나 경솔한 부장의 말에 이해받고 싶었던 차장의 마음도, 인정받고 싶었던 부장 자신의 마음도 엎질러진 물이 되었다.

상대의 말에 '훅!' 기분이 나빠지면 당신은 어떻게 하는가? 모른 척 참고 넘어가는가? 아니면 똑같이 날카로운 말로 받아치는가? 그 상황을 비켜 도망치거나 맞서 싸우는 둘 중 하나를 택할 것이다. 물론 참고 넘겼다가 잠들기 전 이불킥을 할 수도 있겠다. 보통은 막말로 상처를 주는 사람이 나보다 직급이 높은 경우가 많다. 그렇다면 맞서 싸우기보다는 내 감정을 누르고 참을 것이다. 답답하고 속 터지는 그 순간에도 상사를 진심으로 이해하려 노력해 보라. '저러는 데는 다 이유가 있겠지', '저 사람도 집에서는 사랑받는 아빠이자 누군가의 아들이겠지' 이런 생각을 하다 보면 정말 미운 사람일지라도 조금은 이해의 틈이 생긴다.

　사람과의 관계에서 너무나 어려울 때 마음속으로 생각하는 문구가 있다. '모든 사람은 최선을 다하고 있다'는 말이다. 이 문구로 상대를 이해하려는 발판을 만든다. 모든 사람은 좋은 관계를 유지하는 대화를 원한다. 맞다. 그러니 나도 진심으로 상대를 이해해야 한다. 내 입장뿐만 아니라 상대의 입장에서도 생각해 보고 제3자의 눈으로도 넓게 바라보라. 각자의 입장에 따라 보는 것도 생각하는 것도 말하는 것도 달라지기 때문이다. 내 입장만 이야기하고 나만 이해해 달라고 하는 사람은 어린아이의 마음으로 사는 사람이다. 상대의 입장으로 들어가 보라. 문제를 바라보는 시선도 해결하는 방법도 달라진다.

　상사: 이번 달 실적이 말이 아닙니다. 다음 달은 반드시 실적을 올립시다.
　직원 1: 네, 다음 달은 더욱 노력해 보겠습니다.
　직원 2: 네, 알겠습니다.
　직원 3: 네.
　직원 4: 네…….

대화에 참여한 직원 1, 2, 3, 4는 모두 다른 말을 하고 있다. 그 차이를 알겠는가? 우리는 직장생활을 하면서 문자나 대화 매신저로 많은 대화를 한다. 아니 대화를 한다고 착각한다. 직원 1이 다음 달 실적을 위해 노력하리라는 것은 확실히 알 수 있다. 직원 2, 3, 4는 어떤가? '알겠으니 그만하세요. 스트레스입니다', '이런 잔소리 너무 싫다', '다음 달이 두려워. 집안 행사도 줄줄이 겹쳐서 다음 달은 정말 힘들겠어……'라는 메시지는 아닐까? 혹은 '대답하기도 싫다. 이젠 정말 그만둘 거야'일 수도 있다. 회사 부하직원의 '네'를 다르게 읽을 줄 알아야 한다. 섬세한 감정의 흐름을 파악해야 적확한 대화를 이어갈 수 있다.

미국 국립과학아카데미에서 진행한 남성호르몬과 감정 읽기에 관한 재미있는 연구발표가 있다. 16명의 여성을 두 그룹으로 나누어 다양한 얼굴 표정을 보여주고 '사진 속 인물의 생각과 감정을 유추'하도록 했다. 두 그룹 비슷하게 감정을 읽어냈다. 잠시 후 한 그룹의 여성들 혀 밑에 테스토스테론(남성호르몬)을 넣었다. 그러자 여성들은 타인의 감정을 읽어내는 능력이 현저하게 감소되는 결과를 보였다. 테스토스테론이 '상대의 마음과 감정을 알아채는 능력'과 직접적인 관계가 있음이 밝혀졌다. 남성들이 상대의 감정과 마음을 읽어내는 데 서투르다는 것이 어느 정도 이해가 간다.

우리는 말과 글에 많은 의미를 담는다. 크고 작은 의미들을 잘 파악해야 상대의 마음과 감정을 알아챌 수 있다. 상대의 감정을 알아채면 그에 꼭 맞는 대화를 이어나갈 수 있다. 역지사지는 어렵지 않다. 상대의 상황과 감정을 알아채고 필요한 부분을 채워주면 끝난다. 위로가 필요하다면 위로의 말을 건넨다. 응원과 지지를 원한다면 힘찬 응원의 말을 한다. 같은 편이 되어주기를 바라는가? 말없이 옆에 있어 주기를 바라는가? 잘 관찰하고 의중을 잘 파악하는 연습을 하자. 감정 읽기는 관찰 연습으로 발전할 수 있는 기술이다.

등이 가려운데 다리를 긁어주면 어떨까? 고맙기는커녕 화가 날지도 모른다. 정확히 가려운 곳을 긁어야 시원하다. 그래야 상대에게 고맙다. 위로가 필요한 사람에게 사실관계만을 설명한다면 그것이 아무리 맞는 말이라도 화가 날 수밖에 없다. 그 사람이 싫어지는 법이다. 상대에게 어떤 말이 필요한지 생각해 보라. 그것이 진짜 역지사지다. 상대의 마음에 들어가서 진심으로 상대를 이해하라. 그가 되어 생각하고 그의 말을 하라. 상대는 나와의 대화를 기뻐하며 좋은 관계를 유지하려 할 것이다.

주인공

대화할 때 상대를 주인공으로 만들어야
관계가 좋아진다

소설책이나 드라마를 볼 때 우리는 주인공의 이야기에 함께 울고 웃는다. 나 자신을 드라마의 주인공으로 대입시켜 대리만족을 느끼기 때문이다. 그렇다. 사람은 누구나 '내가' 이야기의 중심이 되고 싶어 한다. 주인공이 되기를 원한다. 내 앞에 있는 사람을 주인공으로 만들어 보라. 주인공이 되기에 능력이 부족한가? 성격이 이상하다고? 그래도 자주 마주치며 함께 일하고 있다면 그를 주인공으로 만드는 대화를 해라. 실제로 그는 본인 '인생의 주인공'이지 않는가. 상대가 주인공이 되는 순간 나와의 대화는 활기 넘치는 대화로 바뀐다. 상대는 나와 이야기하는 것을 좋아하고 나를 좋아하게 된다. 당연히 둘의 관계도 좋아진다.

A: 이번 워크숍 지출결의 결재 올렸습니다.

B: 지출은 항목별로 정리해서 주셔야죠!

A: 회계부서는 정리하는 데 탁월하시군요! 어떻게 이렇게 탁탁 정리하는 방법을 잘 알고 계신가요? 배우고 싶습니다.

B: 아…… 뭐. 그렇게 어렵지 않아요. 이건 이렇게…… 힘든 부분이 있다면 언제든지 물어보세요.

C: 이번 워크숍 지출결의 결재 올렸습니다.

B: 지출은 항목별로 정리해서 주셔야죠!

C: 회계부서에서 결의서를 보고 하면 되지 않나요? 업무를 힘들게 만드시네요. 미리 알려줬으며 두 번 일 안 할 텐데 말이죠.

B: 뭐라고요? 회계부서가 사업부 일 처리해 주는 곳입니까?

당신이 B라면 A와 C 중 누구와 관계가 좋겠는가? A의 이야기를 들은 당신은 어떤 마음이 들까? A는 내가 하고 있는 일을 존중해 준다. 나의 능력을 높이 평가하고 있다. 반면 C는 나를 사업부 일의 뒤치다꺼리하는 직원으로 치부한다. 더욱이 C가 한 일을 보고 알아서 일하라는 무언의 압력까지 보낸다. 내가 주인공이 되는 회계 업무에서 나는 빛난다. 그걸 알아주는 사람이 내가 함께 일하고 싶은 사람이다. 우리 팀이나 우리 회사에는 A가 많은가? C가 많은가? A 직원이 많다면 일할 맛이 나겠다. A를 만나는 모두가 주인공이 되기 때문이다.

나를 존중해 주고 내가 하는 일을 인정해 주면 기분이 좋다. 그렇게 말해주는 사람이 고맙고 달라 보인다. 그 상대와 이야기 나누는 것이 즐거우며 더욱 내 이야기를 하고 싶다. 마음을 여는 것이다. 이렇듯 자연스럽게 상대와 좋은 관계를 만들어 가는 방법이 있음에도 많은 사람들이 이렇게 하지 못한다. 왜일까? '내 이야기를 하고 싶어서'다. '내가 주인공이 되고 싶어서'다. 상대의 마음은 아랑곳하지 않고 내 이야기를 끊지 못한다. 갈등 없는 긍정의 관계를 원한다면 내 입을 닫아라. 그리고 들어라. 그의 이야기에 진심으로 관심을 기울이고 즐겁게 이야기 나눠라. 그를 이야기의 중심에 두어라. 그가 좋아할 말을 슬그머니 꺼내라. 상대가 그 이야기를 하도록 해라.

하버드대 사회학자 스펜서 레드는 '블랑 법칙'을 말했다. 상대방의 흥밋거리를 활용하여 교류를 시작하거나 대화의 물꼬를 트는 것이다. 이렇게 되면 두 사람의 대화가 깊어진다고 한다. 말을 많이 하는 것보다 관심 분야의 이야기를 꺼내고 상대의 이야기를 듣는 것이 중요하다. 흥밋거리에 덧붙여 상대가 자부심을 가지고 있는 분야의 이야기도 좋겠다. 상대는 좋아하는 주제에 신이 나서 이야기를 한다. 그는 이야기의 주인공이 된 것이다. 어쩌면 너무 길어질지도 모르겠다. 상대는 거의 혼자 이야기를 할 거다. 그러나 놀랍게도 헤어질 때는 정말 대화가 잘 통한다는 말을 할 것이다. 나는 듣기만 했는데 말이다.

김 대리: 나 청바지 샀어!! 예쁘지?

박 대리: 나도 이 청바지 사려고 생각했다가 안 샀어. 디자인이 좀 오래된 것 같더라.

김 대리: 난 괜찮던데. 세일까지 해 줘서, 정말 저렴하게 잘 샀어.

박 대리: 어휴, 세일하는 건 이유가 있는 거야. 안 팔렸거나 문제가 있겠지. 나는 세일하는 건 안 사.

김 대리: …….

'대화 나르시시즘'이라는 말이 있다. 사회학자 찰스 더버(Charles Deber)는 대화의 주도권을 쥐고 끌어가고자 자신의 경험을 늘어놓으며 이야기하는 성향을 '대화 나르시시즘'이라고 한다. 위 대화의 박 대리 같은 사람이다. 이런 성향을 가진 사람은 모든 대화를 자신의 이야기로 만들어야 직성이 풀린다. 박 대리는 김 대리의 이야기보다 자신의 이야기를 하기 원한다. 주인공이고 싶은 욕망이 가득한 사람이다. 그러나 정작 스스로는 잘 모른다.

더버는 이런 사람과의 대화에서 두 가지 반응을 제시한다. 전환 반응과 지지 반응이다. 먼저 '전환 반응'은 대화에서 모든 관심을 자기 자신에게로 돌리는 것이다. 박 대리처럼 모든 대화에서 끊임없이 자신에게 초점을 향하게 만드는 것이 전환 반응이다. 대화

나르시시즘이다. 이와 다르게 '지지 반응'은 관심을 상대에게 두는 것이다. '나는 지금 당신의 말에 관심이 있어요', '잘 듣고 있습니다', '계속 이야기 해주세요' 이런 지지 반응은 상대를 신나게 한다.

자신의 이야기를 할 때 신이 나는 것은 과학적으로 증명되었다. 사람은 자신의 이야기를 할 때 쾌락 중추가 활성화된다. 이는 하버드의 과학자들에 의해 발견되었다. 실험에 참가한 사람들이 자신에 대한 이야기를 할 때 쾌감을 유발하는 것으로 확인되었다. 이 쾌감은 섹스, 코카인, 설탕, 초콜릿 등에 반응하는 뇌 부위와 같은 곳이었다. 보다 중요한 점은 참가자들이 누군가의 앞에서 이야기한 것이 아니라는 점이다. 그저 자기 자신에게 혼잣말을 했을 뿐이다. 혼잣말을 하는 것만으로도 뇌의 쾌락 중추가 활성화되었다. 그러니 상대에게 자신의 이야기를 할 기회를 많이 줘라. 상대는 쾌감을 느낀다.

◆

사람들에게 그들 자신에 관한 것을 말하라.
그러면 그들은 몇 시간이고 당신의 말을 경청할 것이다.
_벤저민 디즈레일리(Benjamin Disraeli)

상대방이 대답하기 좋아하는 질문을 하라.

> 그가 이룩한 성취에 대하여 말하도록 유도하라.
> 사람은 본래 100만 명을 희생시킨 중국의 기근보다
> 자신의 치통이 더 중요한 법이다.
>
> _데일 카네기(Dale Carnegie)

다른 사람에게 칭찬받고 인정받으며 주인공이 되고자 하는 욕망은 인간의 본성이다. 가장 강한 욕망이다. 상대를 주인공으로 만들어 주는 방법으로 가장 좋은 방법은 상대가 자신의 이야기를 하도록 하는 것이다. 이야기의 시작은 상대가 자부심을 느끼는 분야에 대한 언급이다. 상대의 장점이나 그의 직업, 취미나 관심사에 대해 말하는 것도 좋다. 그의 성공 스토리를 요청하거나 자녀의 이야기를 들려달라고 해보라. 상대방은 스스로 이야기의 주인공이 되어 말 할 것이다. 당신은 그저 잘 들으면 된다.

'당신은 ○○한 사람이다'라는 말을 자주 해 주면 상대는 실제로 그런 사람이 된다. 이것이 바로 '라벨 효과(레테르 효과)'이다. 노스웨스턴대 리처드 밀러(R. L. Miller)는 시카고 초등학교에서 실험을 했다. 몇 학급의 담임선생님을 통해 학생들에게 라벨을 붙였다. '모두 깔끔하구나'라는 라벨을 붙이자 82% 이상의 학생들이 쓰레기를 보면 주워서 버리기 시작했다. 라벨을 붙이지 않은 학급의 학생은 쓰레기가 있어도 무시하는 경우가 많았고 쓰레기를 줍는 학생은 27%에 그쳤다. 사람에게 라벨을 붙여주면 대개 그 라벨의

모습대로 행동하려고 한다.

상대를 주인공으로 만들면서 작은 라벨을 하나씩 붙여보라. '아 정말?', '그다음에 어떻게 되었어요?', '그렇게 할 수 있다니 정말 대단하군요'라는 추임새로 상대를 주인공으로 우뚝 세운다. 그 사이사이 좋은 라벨을 하나씩 붙인다. '아 정말? 넌 진짜 아이디어뱅크야', '그다음에 어떻게 되었어요? 물론 깔끔한 회계정리 김 대리니…… 완벽했겠죠!', '그렇게 할 수 있다니 정말 대단하군요. 전설의 전략분석가라는 말이 틀리지 않네요' 손발이 오글거린다고? 자꾸 라벨을 붙이면 상대가 스스로 달라지는 멋진 과정을 볼 수 있다.

미국 철학자 존 듀이(John Dewey)는 '사람은 누구나 중요한 사람이 되고 싶은 욕망을 가지고 있다'고 했다. 자신이 매우 중요한 사람이며 주인공이 되기를 바란다는 말이다. 이 욕망처럼 사람은 자신이 주인공이 되는 대화를 좋아한다. 그렇기 때문에 상대를 주인공으로 만드는 대화를 해야 한다. 상대를 잘 관찰하고 그의 관심사를 잘 파악해라. 진정으로 상대가 하고 싶어 하는 이야기를 할 수 있게 하라. 그러면 상대는 더 자주, 더 깊이 나와 교류하기를 원하게 된다.

동지

반대편에 서서 대화하지 말고
같은 편에 서서 말해야 한다

일을 하다 보면 나와 생각이 다른 직장동료나 상사를 만나게 된다. 상대와 의견 충돌이 있을 때 당신은 어디에 서 있는가? 내 의견을 말하기 위해 상대의 반대편에 서는가? 그의 주장을 반박하며 맞선다면 서로 적이 되고 만다. '적'은 승자가 나올 때까지 싸워야 하는 대상이다. 적이 있다는 것은 나에게 이롭지 않다. 적은 나의 모든 의견에 반기를 들며 나를 끌어내릴 노력을 아끼지 않는다. 옆에 서라. 의견이 다르고 하는 짓이 맘에 들지 않더라도 적이 아닌 동지로 남아라.

강 과장: 와!! 드디어 해냈습니다! 지원사에서 우리 회사를 최종

선택했습니다.

송 부장: 확실한 거예요? 그것 봐. 내가 제시한 방향이 그 회사에
딱 맞아떨어졌잖아.

박 부장: 이제부터 시작이야. 좋다고 마음 놓지 말고, 사업 준비를
철저히 하라고!

김 부장: 정말 축하해요. 강 과장이 노력한 만큼 좋은 결과가 나왔
어요. 정말 애썼어요.

당신과 함께 일하는 사람 중에는 어떤 사람이 많은가? 강 과장
은 일을 성공시켜 너무나 기쁘다. 그렇지만 송 부장의 말은 적극
적으로 강 과장의 기쁨을 파괴한다. 박 부장의 반응도 소극적이지
만 파괴적이긴 마찬가지다. 함께 일하는 사람 중에 나의 에너지를
갉아먹는 사람은 꼭 있다. 그들의 말은 무시하자. 나 또한 김 부장
과 같이 상대의 기쁨에 적극적으로 지지하는 자세를 갖자. 진심으
로 함께 기뻐하면 상대는 나를 동지로 느낀다. 김 부장처럼 아니
그 이상으로 상대방의 감정에 공감하라. 이성적인 판단은 조금 나
중으로 미뤄라.

우리는 일을 하면서 '지적'받을 수 있다. 잘못된 점을 수정하도
록 요구받는 것이 지적이다. 그렇지만 누구도 지적받는 것은 좋아
하지 않는다. 지적당한 사실만으로도 불쾌하며 불만이 쌓이고 그
사람과는 불편해진다. '지적'을 통해서는 긍정적 목적 달성은커녕

관계를 악화시키는 결과만 낳는다. 지적할 때는 되도록 감정을 빼서 부드럽고 무디게 하라. 짧고 간결하게 끝내라. 지적받은 경우에도 감정이 아닌 사실만을 받아들여라. 감정적 타격 없이 나의 결점을 알아채고 발전의 계기로만 받아들여라.

에이브러햄 링컨(Abraham Lincoln)은 '내가 적을 없애는 방법은 그를 친구로 만드는 것이다'라고 했다. 얼마나 현명한 방법인가? 물론 쉽지 않다. 우리가 빠르게 해볼 만한 방법이 있다. '하지만'을 '그리고'로 바꿔보는 것이다. 두 개의 문장을 살펴보자.

'송 부장은 A사를 지지했습니다. 하지만 A사는 ~한 단점을 가지고 있습니다.'

'송 부장은 A사를 지지했습니다. 그리고 A사는 ~한 단점을 가지고 있습니다.'

'하지만'을 쓰는 경우 상대의 말에 반대하며 상대를 무시하고 비난하는 느낌을 줄 수도 있다. 반대로 '그리고'를 사용하면 그저 객관적인 두 개의 사실을 말하는 것일 뿐이다. '그리고'를 자주 써서 적을 없애고 모두를 친구로 만들어 보자.

송 부장: 정말 멍청하군…… 일을 이렇게까지 만들면 어떻게 하나? 생각이 있는 거야?

박 과장: 그러는 부장님은요? 얼마나 똑똑하시기에 지난번 A사와 계약이 틀어졌나요?

송 부장: 정말 멍청하군…… 일을 이렇게까지 만들면 어떻게 하
  나? 생각이 있는 거야?
강 과장: 저의 어떤 점을 멍청하다고 말씀하시는 건가요? 일의 어
  느 부분이 잘못된 건지 말씀해 주세요.

'보통의 사람은 원망이 전쟁이 되도록 두지만, 뛰어난 사람은
원망을 새로운 문제 해결 방법으로 만든다'는 말이 있다. 하버드
대학 긍정심리학자 리처드 와이즈먼이 한 말이다. 박 과장은 원망
을 전쟁으로 만들고 있다. 물론 피하지 못할 전쟁을 겪을 때는 이
겨야겠지만 되도록 전쟁은 피해 가자. 상대의 원망을 나를 발전시
키는 원동력으로 만들자. 나의 부족한 점을 알아가는 기회로 삼고
전쟁으로 치닫지 않도록 한다. 상대의 공격적인 말에 최대한 침착
하게 대답해 보라. '왜 그렇게 생각하나요? 나의 어떤 점이 그런
생각을 하게 했나요?'라고 말이다.

패션, 노래, 음식, 물건 등 무언가 유행을 하면 많은 사람들은
'나도 하고 싶다'고 생각하고 따라 하게 된다. 이것은 모방으로 다
른 사람과 같아지고 동질감을 느끼고 싶어 하는 공동의 심리이다.
그러므로 상대와 갈등 없이 같은 편에 서고자 한다면 상대방과의
공통점을 찾아라. 혹은 상대방과 공동의 적을 만들라. 자연스럽게
'우리는 같은 편'이 된다. 같은 편과는 대립하지 않는다. 특히 공동
의 적이 생긴다면 함께 싸우기 위해 마음과 뜻을 모으게 된다.

사람은 관계 속에서 수많은 교류를 한다. 많은 교류 속에서 '친구의 친구도 나의 친구이고, 적의 적도 나의 친구이다.' 나와 같은 편에 서 있는 친구는 당연히 내 친구이다. 아이러니하게도 적의 반대편에 서 있는 사람도 내 친구일 수 있다. 사람들은 사람과 사물 사건과 관점 등에 있어 공통점이 많으면 친밀함이 쌓인다. 그렇지만 놀랍게도 싫어하는 것에 대한 공통점이 많아도 더욱 친밀해질 수 있다.

회사 생활을 하며 '적을 만들지 않기' 위해 실천해볼 만한 것이 있다. 바로 나란히 앉기다. 특히 문서를 함께 보며 의견을 나눠야 할 때 나란히 앉아라. 함께 같은 문서를 같은 방향에서 보며 옆에서 이야기 나누는 것은 큰 동질감을 줄 수 있다. 옆에 앉은 동반자와 의견 충돌이 나기는 쉽지 않은 법이다. 친근감을 갖게 하는 적정 거리 1미터 안에서 나란히 앉아라.

강 차장: 팀장님 이번 분기보고서 마무리하느라 힘드셨지요?

최 팀장: 네. 작성법도 낯설고 수정사항도 많아서 조금 힘들었습니다.

강 차장: 정말 수고 많으셨습니다. 저는 최 팀장님이 잘해내실 거라 믿었습니다.

최 팀장: 감사합니다. 다음번엔 잘 작성할 수 있습니다.

'믿고 있습니다'라는 말은 매직워드(Magic word)다. 말 그대로 마법처럼 사람을 변화시키는 말이다. '믿는다'는 말을 들으면 자신감이 생긴다. 그 믿음에 부응하고자 노력한다. 부하직원에게 내가 믿고 있다는 말을 해 보라. 마법처럼 그는 내가 믿고 있다고 말한 그 결과를 내기 위해 최선을 다한다. 그러고는 즐겁고 뿌듯해한다. 갈등이 있는 불편한 관계의 사람에게 '당신을 믿고 있습니다'라는 의미를 전달해 보라. 관계는 빠르게 변화된다.

상대방에게 신뢰를 표현할 때는 최대한 적극적으로 말하라. '그 말씀이 맞습니다. 부장님의 선택을 믿습니다', '팀장님의 경험에서 나오는 우려의 말씀을 믿습니다.' 나의 의견을 최우선으로 믿고 따르겠다고 말하는 사람을 적으로 생각할 수 있을까? 아니다. 자신을 지지하는 같은 편으로 생각한다. 동지는 이렇게 만들어진다. 동지가 되고 나면 서로 의견이 다를 때 반응이 달라진다. 반대 의견을 전쟁 선포가 아닌 전언으로 여긴다.

'친구는 있다가도 없고 없다가도 있을 수 있지만 적은 계속 남는다'고 한다. 우리는 계속 존재하는 적을 그대로 두지 말고 친구로 만들어야 한다. 상대방과의 차이는 인정하되 반대편이 아닌 같은 편에 있는 동지로 대해야 한다. 서로 감정을 나누고 함께 기뻐하며 마음을 나누는 동지와는 오랫동안 좋은 관계를 유지할 수 있다. 동지는 나에게 힘이 되어주며 든든한 내 편이 되어준다. 내 주변의 적을 같은 편으로 만들자.

동류의식

너와 내가 다르지 않다는
동류의식이 대화의 물꼬를 튼다

낚시를 좋아하는 사람과 하루 종일 낚시 이야기만 하면 지루할
까? 분명 시간 가는 줄 모르고 즐겁게 이야기를 나눌 것이다. 나와
같은 취미를 가진 사람이나 나와 같은 일을 하는 사람 혹은 같은
사람에게 호감을 느끼고 있다면? 우리는 처음 만난 사람이라고
해도 그와 즐거운 대화를 이어갈 수 있다. 만난 지 오래된 것 같은
친근감도 느낄 수 있다. 공통점이 있다면 동지가 될 수 있다. '너와
나는 다르지 않구나' 하는 동질감으로 상대방과 동류의식이 생긴
다. 동류의식이 생기면 우리는 더 많은 대화를 이어갈 수 있다.

A: 오랜만에 만나네요. 어떻게 지내고 있어요?

B: 안녕하세요? 저는 비영리재단에서 일하고 있어요. 저소득층 아동을 위한 다양한 사업을 하지요.

A: 어머나, 그러세요? 제가 요즘 사회복지를 공부하고 있어요. 이제 곧 자격증 취득이에요. 앞으로 선배님이라고 해야겠네요.

B: 하하하. 후배님~

A와 B는 사회복지라는 공통의 관심사로 보다 친근한 관계가 될 수 있다. 이전의 '아는 사이'에서 조금 더 가까워진 관계로 발전할 수 있다. 더 나아가 동일 분야의 직업을 가지게 되면 같은 집단으로 생각된다. 동일 집단에 있는 너와 나는 친구이자 동료가 된다. 다른 회사의 비슷한 연차인 사람과 만나서 이야기를 나눠본 적 있나? 직장에서의 어려움과 상사의 꼰대 짓을 이야기하다 보면 시간 가는 줄 모른다. 공통의 교집합이 많을수록 처음 만난 사람과도 충분한 이야기를 나눌 수 있다.

유유상종이라는 말은 비슷한 사람끼리 어울린다는 의미다. 사람은 자신과 공통점이 있거나 닮은 점이 있는 사람에게 호감을 느낀다. '유사성의 효과' 때문이다. 외형적인 것뿐만 아니라 자라온 배경이나 성격, 취미, 관심 분야 등 유사성의 효과를 기대할 만한 것은 많다. 하다못해 비슷한 포즈를 취하는 것만으로도 효과를 볼 수 있다. 공통의 관심사를 가진 사람에게 자연스럽게 좋은 감정을 가진다. 호감 가는 사람과 함께하는 시간은 언제나 즐겁고 흥미진

진하다.

거꾸로 생각해 보자. 좋은 관계를 맺고 싶은 상대가 있는가? 그렇다면 그와의 유사성을 찾자. 그 유사성으로 내가 상대방과 동일 집단에 있다고 알려라. 그래야 동류의식이 심어진다. 직장 상사나 협상을 해야 할 업체 또는 채용을 위한 면접관 등등 내가 좋은 관계를 맺어야 할 상대는 많다. 다만 명심해라. 동류의식을 주기 위해 무리해서 공통점을 밀어붙이면 상대는 불편함에 자리를 떠날 수도 있다. 상대에 대해 공부하고 미리 파악한 공통점을 자연스럽게 펼쳐놓아야 동질감을 느낄 수 있다.

김 과장: 다들 점심 먹으러 갑시다.
최 대리: 다녀오십시오. 저는 점심을 먹지 않으니 좀 쉬겠습니다.

김 과장: 자~ 너무 바빴지요? 다 같이 티타임하면서 좀 쉬어갈까요?
최 대리: 아, 저는 괜찮습니다. 커피나 차를 마시지 않습니다.

김 과장: 상반기 내내 수고 많았습니다. 우리 팀 내일 회식하려고 합니다.
최 대리: 과장님, 저는 약속이 있는데 회식에 꼭 참석해야 하나요?

무언가를 함께 하는 것으로 동질감을 느끼고 이는 동류의식을 만들어 낸다고 했다. 개인 취향이 있고 개별 사정이 있겠지만, 최 대리가 이 회사에서 동류의식을 만들 수 있다고 생각하는가? 아마도 최 대리와 무언가를 함께 하자고 요청하는 사람은 점점 줄어들 것이다. 동류의식을 느낄 수 있는 가장 쉬운 방법은 무언가를 함께 먹고 마시는 일이라는 점을 잘 기억하자. 맛있는 음식을 함께 먹으며 즐거운 시간을 보내자. 밥 한번 같이 먹는 것으로 왠지 더 친해진 감정이 드는 것은 자연스러운 것이다.

영국왕립학회보에 의하면 사람은 맛있는 음식을 먹을 때 '옥시토신'의 분비가 왕성해진다고 한다. 옥시토신은 불안과 우울을 경감시키고 상대에 대한 신뢰감과 정서적 안정감 향상에 영향을 미치는 호르몬이다. 무언가를 먹고 마시는 행위를 함께 할 때 상대에 대해 신뢰감이 높아진다. 대화가 쉬워지고 관계도 좋아진다. 음식을 대접한 사람의 의견에 쉽게 설득되는 경향도 나타난다. 이러한 심리적 상황을 '오찬 효과'라고 한다.

예일대 어빙 제니스(Irving Janis) 교수는 대학생을 두 팀으로 나누어 실험을 했다. 한 그룹에는 다과를 제공하며 의견을 설득하게 했고 다른 그룹은 아무것도 제공하지 않으며 설득했다. 그 결과 무언가를 함께 먹은 그룹에서 의견 동의 비율이 81.1%를 보였다. 함께 먹는 행동이 없던 그룹의 설득률은 61.9%에 불과했다. 같이 먹는 행위로 상대의 의견에 설득되는 비율이 20%나 향상되는 '오찬 효과'를 확인한 것이다. 먹는 것이 대단한 것이 아니어도 효과를 볼 수 있었다.

우리가 말하는 '한 식구', '한솥밥 먹는 사이'도 오찬 효과를 의미한 동류의식의 표현이다. 첫 데이트에 있어 무언가를 먹는 선택이 상대의 첫인상을 결정하는 중요한 요인이 된다. 또한 중요한 협상의 자리나 영업을 성공시켜야 할 때도 가벼운 다과가 중요한 역할을 할 수 있다. 관계가 좋아지고 싶은 직장 상사가 있는가? 일단 차나 커피라도 같이 마셔보자. 괜찮았다면 다음은 점심을 같이 해보라. 한솥밥 먹는 식구가 되어가는 거다. 무언가를 '함께 한다'는 것에서 우리는 동류의식을 시작할 수 있다. '동류의식'이 강할수록 그 관계도 깊고 끈끈해진다.

A: 요즘 점심 식사량을 줄이고 있어.
B: 뭘 모르는구나. 그렇게 식사량을 줄이는 건 건강에 해로워.

A: 요즘 점심 식사량을 줄이고 있어.
C: 나는 밥양을 줄이는 건 못하겠더라. 그렇지만 나도 저녁 식사량은 좀 줄이고 싶은 생각이 있어. 어떤 변화가 있는 거야?

당장의 공통점이 없어서 동류의식을 갖지 못하겠다고 생각하는가? 그렇다면 C의 대화 방법을 배워라. C는 "나도 같은 생각을 가지고 있어"라는 말로 상대와 공통점이 있다는 사인을 보내고 있다. C는 A와 생각의 공통점을 만들며 대화를 이어간다. 이러한 대화법이라면 어느 누구와도 유사성을 만들 수 있다. 어떤 주제라도 상대와 호감 갖는 대화가 가능하다. 지금 당장 똑같은 공통점이 없어도 괜찮다. "우리는 비슷한 점이 있고, 너와 나는 다르지 않아"라는 말로 그 관계를 친숙한 친구 관계로 만들 수 있다.

미국 사회심리학자 엘리엇 애런슨(Elliot Aronson)은 '외모 근접성 능력 동질감이 사랑의 감정을 일으킨다'고 했다. 동질감이 있어야 상대에게 관심을 갖게 된다는 말이다. 관심을 가져야 그를 사랑하게 된다. 동질감은 사랑을 싹트게 하는 밑거름이다. 사람은 자신과 비슷한 사람을 좋아한다. 공통점이 있다면 비슷한 생각을 가질 가능성이 높기 때문이다. 서로의 생각을 이해하기 쉽기 때문에 '쿵짝이 잘 맞는다'고 생각한다. 아주 작은 것이라도 좋다. 비슷한 점을 찾아라. 유사성은 호감의 기본 요건이다.

상대에게 관심과 호감이 생기면 '카멜레온 효과'가 나타난다. '카멜레온 효과'는 나도 모르게 호감 대상의 말투나 말버릇 혹은 기분이나 행동, 포즈 등을 따라 하게 되는 것을 말한다. 상대의 말에 공감하면서 비슷한 말투나 포즈를 따라 하게 되면 상대는 편안한 마음을 갖게 된다. 나와 닮은 모습을 보며 나와 같은 사람이라고 믿기 때문이다. 친구들끼리 비슷한 분위기를 갖게 되는 것이나 부부가 점점 닮아가는 것이 바로 카멜레온 효과가 계속 쌓여 나타난 것으로 볼 수 있다.

사람은 비슷한 사람끼리 유대를 형성하려 한다. 비슷한 사람과
는 공감이 쉽고 대화가 잘 이루어지기 때문이다. 유사성의 효과나
카멜레온 효과들이 바로 그런 맥락이다. 공통점에서 느끼는 안정
감이 그 사람과의 돈독한 관계를 만들어 낸다. 비슷한 사람들은
서로에게 긍정적 영향을 주면서 그 관계를 더욱 긴밀하게 만든다.
건강해지고 싶다면 운동을 하는 사람들과 가까워져야 하는 식이
다. 운동에 대해 공유하고 함께 실천하면서 건강해질 수 있다. 동
류의식을 가지고 서로에게 좋은 영향력을 주고받는 관계가 만들
어진다.

공감

진심으로 공감하고 말해야
상대의 마음을 얻을 수 있다

진심은 통한다고 한다. 통하는 진심이란 무엇인가? 내가 너의 마음을 알아주고 네가 나의 감정을 알아주는 것이 통하는 것이다. 이것이 공감이다. 진심으로 상대의 마음과 상황을 이해하는 것. 여전히 내 생각으로 가득 차 있는 가짜 진심을 버려라. 상대방에게 온전히 집중하는 '감정의 공유'가 이루어질 때 상대의 마음을 얻을 수 있다. 내 마음을 알아주는 사람에게 진심의 말을 하게 되는 것은 당연하지 않겠는가? 말로만 공감하는 것이 아닌 진짜 공감하는 법을 알아보자.

A: 요즘도 회사에서 힘든 시간을 보내고 있어요?

B: 아니에요. 괜찮습니다. 잘 지내고 있어요.

A: 마음이 편치 않죠? 너무 힘들겠다. 매일 보는 사람과의 갈등이 정말 힘든 건데…….

B: 네, (울컥) 사실…… 힘이 드네요. 직장 상사와의 갈등은 해결이 어렵네요.

A: 힘들어도 건강 챙겨야 해요.

B: 정말 고마워요.

감정이 격할 때 누군가 나의 감정을 알아주기만 해도 마음이 누그러든다. 파도치던 감정의 폭이 줄어들며 잔잔해진다. 혹은 내 마음을 알아주는 상대의 따뜻한 말 한 마디에 그동안의 감정이 터져버리기도 한다. 나의 힘들고 무거운 마음을 알아주는 그 상대가 고맙다. '공감'은 서로의 감정을 헤아려 주는 것이다. 공감을 받으면 격렬한 감정이 안정된다. 그러면서 어려운 상황에서 해결의 실마리를 찾기도 가능하다.

공감이란 상대방의 마음을 온전히 알아주는 것이다. '온전히 안다'는 것은 진심으로 상대방의 감정을 느끼는 것이다. 상대가 슬퍼하고 있을 때 함께 슬퍼하며 위로하는 정도의 행위는 온전히 아는 단계에 미치지 못한다. 공감이 아니라는 말이다. 공감은 함께 느껴야 한다. '지금 상대방은 어떤 마음일까?', '이런 상황에서 저 사람은 무엇을 원하고 있을까?', '왜 그럴까?', '그럴 만하지' 이런 생각이 바로 '함께 느끼는 것'이다. 그렇기 때문에 공감은 '진심'이 아니면 불가능하다.

마셜 B. 로젠버그(Marshall B. Rosenburg)는 그의 저서 《비폭력 대화》에서 '상대방이 하는 말에 우리의 모든 관심을 집중하는 것'을 공감이라고 말했다. 모든 관심을 집중하려면 나의 생각과 나의 상황을 잠시 내려놓아라. 상대방이 말하는 것에 최선을 다해 집중하라. 그리고 그의 상황을 나의 상황처럼 인식하고 진심을 다해 그의 감정에 함께 하라. 상대방이 어떤 감정을 느끼고 있는지 상상하고 온전히 그의 마음을 알려고 노력하라. 상대방도 나의 진심을 신뢰하게 되고 둘은 좋은 관계를 유지할 수 있다.

고민혜 대리: 아, 너무 피곤해. 어제도 야근이었어. 부장님이 주는 일이 너무 많아.

안공감 친구: 너 일하는 속도가 느린 것 아니야? 아님 부장님한테 찍힌 거야? 야근이 많은 회사는 문제가 있던데. 빨리 다른 데 알아보고 옮겨!

고민혜 대리: 아, 너무 피곤해. 어제도 야근이었어. 부장님이 주는 일이 너무 많아.

왕공감 친구: 야근이 많아서 피곤하겠다. 그런데 다른 사람보다 능력을 인정받아서 일이 늘어나는 거 아니야? 이번 프

로젝트에 대리는 너만 참여하게 되었다며? 부장님이
인정해 준 것 같은데?

'솔직한 사람'이 있다. 솔직한 것이 좋다는 생각에 상대방의 약점까지 직설적으로 말하는 사람들이다. "일을 못 하니 야근을 하게 되는 거야"라는 식의 말을 한다. 솔직한 사람임에 틀림없지만 함께 일하고 싶은 사람은 아니다. 잡코리아의 조사에 의하면 직장에서 상사와 갈등을 겪으면서 그로 인해 퇴사를 고려해 본 직장인은 92%에 달한다. 상사는 좋은 마음에 충고를 하지만 공감이 없는 충고는 '지적'으로 상처만 남긴다. 나를 지적하는 사람과 함께 일하고 싶은 사람은 없다. '충고보다 따뜻한 위로와 격려를 해주는 상사를 더욱 신뢰한다'는 조사 결과가 공감을 원하는 직장인들의 마음을 말해준다.

공감의 대화를 하기 위해서는 '공감의 단어'를 골라 써야 한다. 언변이 뛰어나다고 공감 대화를 잘하는 것은 아니다. 물론 상대의 말을 무조건 수용한다고 공감이 생기는 것도 아니다. 상황에 적절한 '딱' 한마디 말이 상대의 마음을 여는 마법을 부린다. 몇 가지 주의 사항을 말하자면 '섣부르게 이해하는 척하지 말라. 이런저런 노력을 해보라는 식의 충고를 하지 말라. 상대방의 상황을 정말 안타깝다는 동정의 상황으로 만들지 말라. 원인을 분석하듯이 묻고 확인하지 말라' 등이다. 몇 가지만 주의해도 상대와 공감할 기회를 만들 수 있다. 상대를 걱정하는 진심의 마음은 계속 가져라. 그렇지만 말은 공감의 단어로 바꿔라. 공감은 연습을 통한 훈련으로 더 좋아질 수 있다.

나의 상황을 공감하지 못하는 안공감 씨의 말에 우리는 화를 낼 것인가? 오히려 그의 말에 공감함으로 좋은 관계를 만들어 가자. '내가 일하는 속도가 느릴 수도 있겠구나'(당신은 그렇게 생각할 수 있군요)라는 말로 안공감 씨를 이해하는 것이다. 우리는 일하면서 안공감 씨와 같은 사람을 많이 만난다. 그들에게 날을 세우지 말자. 《강의》를 집필한 신영복 교수는 상대에 대해 알려면 '애정'을 가져야 한다고 말한다. 내 주변에 있는 많은 안공감 씨에게 애정을 갖자. 애정은 공감의 시작이다. 나의 애정과 공감은 안공감 씨를 왕공감 씨로 변화시킬 수 있다.

상인 1: 벌레 퇴치 스프레이 사세요. 축제 장소에 벌레가 많아요.
상인 2: 아이가 너무 귀엽네요. 축제 장소에 벌레가 많을 텐데. 물리면 아이가 고생할 거예요. 조심하세요.

당신이 아이를 데리고 축제 장소에 가는 길이라면 누구의 말이 귀에 들어오겠는가? 그저 물건만 팔려고 하는 상인 1의 말은 들리지 않을 것이다. 상인 1은 상대방의 마음이나 감정에 관심이 없다. 이와 달리 상인 2는 아이를 걱정하는 부모의 마음이 엿보인다. 부모라면 이 말에 공감할 것이다. 내 아이를 걱정해 주는 상인 2가 고맙다. 그에게서 물건을 사게 되는 것은 당연한 일이다. 상대방의 마음에 공감되는 말을 하는 것으로 물건은 자연스럽게 팔린다. 공감은 상대와의 관계가 좋아지는 것뿐만 아니라 물건을 파는 능력도 만든다.

장자의 말에 의하면 공감이라는 것은 '존재 전체로 듣는 것'이다. '존재 전체로 듣는다'는 것은 귀로만 듣는 것을 뛰어넘는다. 그가 존재로서 무엇을 하고자 하는지 어디로 나아가고자 하는지까지 이해하는 것을 말한다. 상대라는 존재에 집중하며 공감하다 보면 나의 생각이나 이념은 사라진다. 진심으로 상대방의 마음에 들어가게 되는 '공감'이 일어난다. '아이가 벌레에 물려 괴로워하지는 않을까', '어떻게 해야 아이를 보호할 수 있을까'를 생각하는 부모의 마음과 하나가 되는 것이다.

MIT와 카네기멜론대의 심리학자들은 2008년부터 2년간 성과가 좋은 팀의 특징을 분석했다. 성과가 좋은 팀은 지능지수와 상관이 없었다. 팀원들이 똑똑하다고 성과가 잘 나는 게 아니다. 연구자들은 실험자에게 '사람의 눈만 보고 감정을 알아맞히는(사회적 감수성) 테스트'를 실시했다. 그 결과 성과가 좋은 팀에서 사회적 감수성이 월등히 높았다. 그들은 상대방의 감정을 파악하고 감정에 따라 적절한 대응이 가능하다는 것이다. 결국 상대의 감정을 알아차리는 '공감 능력'이 있는 팀이 높은 성과를 보인다는 것이다.

　내가 슬플 때 따뜻하게 위로를 건네는 상대. 내가 기쁠 때 함께 기뻐하며 축하해 주는 사람. 이런 사람과는 오래도록 함께 하고 싶다. 심리학에서도 수용과 존중이 공감을 위한 필수 요소라고 한다. 상대방의 상황과 감정을 정확히 듣고 그의 마음을 제대로 이해하는 순간 수용과 존중이 이루어진다. 마음이 통하면 상대의 마음을 온전히 들을 수 있다. 우리는 직장에서 가정에서 끊임없이 관계를 맺어가며 살고 있다. 먼저 상대를 진심으로 애정하는 마음을 가짐으로 서로 공감하며 좋은 관계를 만들어 가기 바란다.

선택권

스스로 선택한 일에
최선을 다한다

내가 '하고 싶어서 하는 일'과 누군가가 '시켜서 하는 일'은 다르다. 일에 임하는 태도인 적극성에서 가장 큰 차이가 있다. 내가 하겠다고 정한 일은 최대한 열심히 해서 좋은 결과를 만들고 싶어 한다. 반면 시켜서 하는 일은 마지못해 최소한의 일만 하게 된다. 일의 성과가 달라지는 것은 당연한 일이다. 사람과의 관계도 이와 다르지 않다. 우리는 스스로 선택한 관계에 적극적으로 최선을 다하게 마련이다. 내가 선택한 관계에서 좋은 결과를 바라기 때문이다.

박 부장: 이번 모금 행사 때 이과장은 인원 점검부터 접수까지 맡

아서 안내를 하세요. 모집은 구글 설문으로 하고, 엑셀로 정리해서 공유하세요.

이 과장: 부장님, 제가 구글 설문은 해보지 않아서 자신이 없습니다. 대신 제가 행사 음향을 만져본 경험이 있습니다. 음향 관련 업무를 맡아서 해 보는 것은 어떨까요?

박 부장: 업무 분장은 이미 결정된 것이니, 정해진 대로 하세요. 모르는 것은 배워서 하면 되겠죠?

이 과장: 네.

위 대화를 마치고 이 과장은 업무를 적극적이고 능동적으로 진행했을까? 잘할 수 있는 일이 아닌 억지로 주어진 일을 하면서 의욕도 재미도 없었을 것이다. 물론 우리는 직장생활을 하면서 대부분 주어진 일을 한다. 그렇다고 해도 최대한 자율성을 주어 동기부여를 높이면 어떨까? 일을 망칠 것 같은가? 일부러 못하는 업무를 선택하는 직원은 없을 테니 걱정은 하지 않아도 된다. 스스로 업무를 선택하면 자신의 선택에 책임감을 갖고 열심히 하려는 동기가 강화된다.

EBS는 〈놀이의 반란〉이라는 프로그램에서 아이들의 선택권에 대한 실험을 했다. 놀이를 하는 아이들을 세 가지 방법으로 통제했다. 첫 번째는 '○○놀이를 하세요'라고 놀이를 지정해 주었다. 두 번째로 '○○놀이를 하는 게 좋겠어요'라고 놀이를 권유했다.

마지막으로 '어떤 놀이를 하고 싶어요?'라고 묻고 그 놀이를 하도록 선택권을 주었다. 15분 후 놀이를 바꿔도 된다는 조건을 주었을 때 앞선 두 그룹의 아이들은 놀이를 바꿨다. 그렇지만 선택권을 가졌던 마지막 그룹은 같은 놀이를 지속했다.

실험에서 두 그룹의 아이들은 왜 놀이를 바꿨을까? 내가 선택한 놀이가 아니었기 때문이다. 아이들도 자율성이 주어져야 흥미를 유지한다. 자율성 없이 상사가 정해놓은 일을 해야 하는 경우 우리는 '강제'와 '억압'을 느낀다. 강요된 일에서는 흥미를 느끼지 못할 뿐만 아니라 일을 길게 유지하기도 어렵다. 어쩔 수 없이 하는 일이 된다. 선택할 수 있는 자율성을 제공함으로 일에 대해 책임감을 갖도록 해보자.

A: 학생에게는 엄격한 시험을 치르게 하는 편이 좋다

B: 시험을 치르면 학생 자신에게 도움이 되지 않을까? 시험이 학습을 촉진하지 않을까?

오하이오주립대의 로버트 번크랜트(Robert E. Burnkrant)는 위에 있는 두 문장을 읽도록 하면서 실험을 했다. A 문장에 동의하는 이는 많지 않았다. 로버트 번크랜트는 A 문장에 '레토릭'을 적용하여 B와 같이 바꾸었다. 그러자 B 문장에는 많은 사람들이 동의한다고 말했다. 두 문장은 같은 의미이지만 A는 지시하는 말이고

B는 의견을 구하는 말이다. 지시의 말에는 반발하는 마음이 생기고 부드러운 질문에는 수용하는 마음이 생긴다.

이러한 부드러운 질문의 방법으로 '레토릭' 기법이 있다. 레토릭은 '수사학'이라고 해석되는데, 말과 글로 상대를 설득하는 설득의 기술로 이해하면 쉽다. 내가 주장하는 내용이 옳다고 강하게 주장하는 것보다 '당신의 생각은 어떤가요?', '○○라고 생각할 수 있지 않을까요?'라고 질문을 던진다. 이러한 질문을 통해 상대방이 자신의 의견을 말하도록 한다. 레토릭 기법은 상대방에게 자율성을 주어 마음을 움직이게 하는 설득의 말하기인 것이다.

도도 다카토라의 이야기는 선택권을 주는 것이 얼마나 중요한지 말해준다. 일본의 쇼군 '히데타다'의 니조 성(城) 건축 명령에 다카토라는 두 가지 방법을 보고한다. 그걸 보던 한 신하가 묻는다. "가장 좋은 방법을 정리해서 하나만 만들어도 되는 것이 아닙니까?" 다카토라는 답한다. "두 개의 방법 중 어느 것이 선택되어도 히데타다 님의 하신 것이 됩니다. 그러나 하나의 방법만 제시하면 히데타다 님이 그것을 선택하더라도 제가 만든 방법이지 않겠습니까?" 상대방에게 선택권을 주는 방법이었다.

일리노이대의 브라이언 퀵(B. L. Quick)은 단 하나의 선택지를 제시하면서 강요하지 말라고 한다. 선택할 수 있는 것이 하나뿐이면 강요당한다고 느끼기 때문에 '차라리 설득되지 않겠다'는 역효과가 난다. 다양한 선택지를 제공하여 상대가 스스로 선택했다고 생각하게 하라고 한다. 그만큼 우리는 스스로 가지는 자율성과 선택권을 중요하게 생각한다. 스스로 선택한 일에 대해 최선을 다한다. 그만큼 책임감을 크게 느낀다.

모금가 A, B: 안녕하세요? 우리 주변에 아직도 방학 중 결식아동이 있습니다. 아이들을 위해 식사비 모금을 하고 있습니다.

모금가 A: 아이들을 위한 식사 비용 기부를 부탁드립니다. 기부하시겠어요?

행인: 아니요. 다음에 할게요.

모금가 B: 아이들의 한 끼 식사비를 기부하시겠어요? 두 끼 식사비를 기부하시겠어요?

행인: 네? (한 끼를 해야 하나 두 끼를 해야 하나)

모금가 B와 같이 질문하는 방법을 '틀 세우기'라고 한다. 선택지의 한계를 정해놓고 상대방이 그 틀 안에서 생각하고 결정하도록 하는 기술이다. 모금가 B가 세운 틀에는 '기부를 하지 않는다'는 선택지는 없다. 틀 세우기는 설득력을 높이는 중요한 의사소통 기법이다. 상대방을 내가 만든 틀에 집중시키는 것이 포인트다. 내가 의도하는 범위 안에 상대방을 가두지만 선택할 수 있는 기회를 주기 때문에 상대는 스스로 선택했다는 자율성을 느낀다.

말이 가지는 힘, 특히 질문이 가지는 힘은 굉장하다. 아침 출근 때 만난 직장동료에게 "요즘 좋은 일 있어? 얼굴이 좋아 보이네"라고 말을 건네보라. 점심시간에 다시 만난 그에게 "진짜 뭔가 좋은 일이 있는 게 분명해. 얼굴에 쓰여 있어. 뭐야?"라며 퇴근 때까지 같은 말을 해보라. 그 직원은 분명 정말 좋은 일이 있는 것처럼 하루를, 한 주를, 어쩌면 한 달을 살 것이다. '좋은 일'에 초점이 맞춰져 생각하게 되기 때문이다. 반대로 집에 돌아온 배우자에게 "회사에서 무슨 안 좋은 일 있었어?"라고 묻는다면 어떨까? 좋았던 일은 모두 사라지고 회사에서 안 좋았던 기억만 머릿속에 가득하게 될 것이다. 좋은 질문을 하는 법은 6장에서 더 구체적으로 이야기하겠다.

철학자 블레즈 파스칼(Blaise Pascal)은 '타인의 도움 없이 자신이 찾아낸 이유에 더 큰 확신을 가진다'라고 말했다. 자신의 행동을 선택할 수 있고 스스로 상황을 통제할 수 있을 때 우리는 큰 확신과 함께 힘든 역경을 견뎌내는 힘을 갖는다. 실제로 선택권과 자율성이 있을 때 우리 뇌의 전전두피질이 활성화된다. 이와 반대로 선택권이 없는 상태에서 전전두피질이 비활성화되면 큰 스트레스 반응이 나타난다. 이렇게 되면 우리 뇌는 모든 반응에 수동적이게 되며 무슨 일이든 쉽게 포기하고 만다. 시키는 일만 하게 되면서 점점 무기력하고 의욕 없는 삶을 살게 되는 것이다. 동료에게 선택권을 주면 활기찬 일터가 열린다.

시켜서 하는 일은 재미없다. 의욕도 나지 않는다. 이제 우리는 선택권과 자율성의 박탈이 그 이유인 것을 알았다. 누구나 스스로 선택한 일에 있어 좋은 결과를 만들고 싶게 마련이다. 다른 일보다 적극적이고 그 일에 책임을 다한다. 새로 시작하는 프로젝트가 있나? 이 프로젝트를 성공적으로 완료하고 싶은가? 그렇다면 팀원들에게 더 많은 선택권을 줘라. 그리고 신나게 일하는 직장 동료와 함께 하기만 하면 된다.

PART

4

자존감

스스로 자존감이 있을 때
말에 힘이 있고 관계가 좋아진다

자신감 있고 당당한 말투를 가진 사람과의 대화는 명료하다. 이러한 말투는 회의를 할 때나 무언가를 결정해야 할 때, 더 나아가 상대방을 설득해야 할 때 도움되는 말투다. 자존감이 높은 사람은 말을 자신 있게 한다. 타인의 평가를 미리 염려하지 않는다. 스스로의 마음가짐과 태도가 대화에 묻어나기 때문에 말투가 당당하고 말에 힘이 있다. 자신을 존중하는 만큼 상대방도 존중하기 때문에 관계가 좋아진다.

〈실수를 지적받았을 때〉

A: 아…… 죄송합니다. (내가 왜 그랬을까? 정말 바보 같은 행동이었어. 역

시 나는 이 일에 맞지 않는 사람인가 봐……)

B: 네. 죄송합니다. 제가 생각이 짧았습니다. 다음에는 실수하지 않겠습니다. (그래 이런 점은 내가 부족했구나. 더 공부하고 같은 실수를 하지 않도록 해야겠어!)

알리스터 맥그라스(Alister McGrath)는 그의 책《자존감》에서 '역할 수행'과 '타인의 사랑'이 자존감의 토대가 된다고 말한다. 맥그라스는 자신의 일을 잘 해내는 '역할 수행 능력'에 따라 자존감이 달라진다고 한다. 더불어 타인에게 인정받고 사랑받는 것이 자신에 대한 자존감을 높이는 중요한 토대가 된다고 한다. 위 대화에서 B는 자존감이 높다. 자존감이 높은 사람은 실패를 인정하고 받아들이는 데 어렵지 않다. 그 안에서 배우며 발전할 수 있는 긍정적인 기회를 찾는다. 역으로 이런 태도가 역할 수행 능력을 올리고 타인으로부터의 인정과 사랑도 끌어낸다.

자존감은 자아존중감(自我尊重感, self-esteem)을 줄인 말로 스스로 가치 있는 존재이며 유능한 사람이라고 생각하는 마음가짐이다. 자아존중감이라는 말은 1890년대 미국의 의사이자 철학자인 윌리엄 제임스(William James)에 의해 처음 사용되기 시작했다. 자아존중감은 정체성을 확고하게 만드는 데 기여한다. 이 말은 자존감이 있는 사람은 자신의 본질적인 특성을 아는 정체성을 제대로 확립할 수 있다는 의미다.

자존감과 자존심 그리고 자신감은 혼동되기 쉽다. 그렇지만 각각은 전혀 다르다. 먼저 자존감은 스스로를 존중하는 긍정적인 마음이다. 자존심은 남에게 굽히지 아니하고 자신의 품위를 스스로 지키는 마음이며, 마지막으로 자신감은 자신을 믿고 당당하게 행동할 수 있는 마음이다. 자신감이 있으면 말과 행동의 표현이 당당하다. 긍정적인 자기평가가 포함된 건강한 자존심을 가진 사람은 에너지가 넘치고 힘든 상황을 극복하는 힘이 있다. 이렇듯 자신감을 가지고 건강한 자존심을 유지하면 그 사람은 자존감을 계속 키워갈 수 있다. 자존감이 높은 사람이 더 사랑받고 좋은 관계를 맺는다.

자존감이 낮은 사람은 어떻게 자존감을 높일 수 있을까? 자존감은 하루아침에 높아지지 않는다. 조금씩 계속해서 쌓아가야 한다. 자신을 믿고 생각을 바꿔가야 한다. 나에 대한 가치를 낮게 평가하고 있다면 자존감을 높이는 연습을 하라. 자존감은 연습하면 높일 수 있다. 하루에 한 가지씩 실천하면서 자존감을 쌓아가자.

〈매일 나에게 들려주는 자존감 높이는 말〉

나는 나를 믿는다.

완벽한 사람은 없어. 그러니 실수할 수 있어. 실수에서 배워나가면 돼.

나는 내 인생의 주인공이야.

나는 있는 그대로의 나를 사랑해.

나는 ~한 장점이 있어(작고 사소해도 좋다).

내가 나를 사랑하지 않으면 누가 나를 아끼고 사랑해주랴. 나를 향해 자존감 높이는 말을 자주 하면서 나를 존중하고 인정하는 마음을 갖자. 점차 내가 가진 장점에 주의를 기울여라. 작고 사소해 보여도 좋다고 했다. 먼지같이 작은 것이라도 찾아보라. '나는 앞머리 내리는 것이 잘 어울려', '나는 복사를 잘해', '나는 눈치가 빨라' 등 내가 가진 많은 능력은 장점이 될 수 있다. 장점이 발휘되어 좋은 결과가 나타난다면 '역시! 나는 멋진 장점을 가지고 있어!'라며 장점을 강점으로 만들어 가자.

나에게 자존감 높이는 말을 매일 하는 것이 자존감을 높이는 데 효과가 있을까? 답은 '매우 그렇다'이다. 뇌과학자들은 말한다. 뇌가 가장 좋아하며 귀 기울이는 것은 '나 자신의 목소리'라고 말이다. 우리는 자기 자신의 목소리를 가장 좋아한다. 거울을 보며 말하면 더욱 좋다. 나에게 들리도록 매일 자존감을 높이는 말을 하자. '나는 나를 믿어', '잘하고 있어', '나는 내 인생의 주인공이야', '완벽한 사람은 없어' 동시에 나를 가치 있는 사람으로 인정하라. 내가 가진 좋은 점들을 하나하나 쌓아 올려 단단한 강점으로 만들어라. 자신감이 차오르며 당당한 태도까지 갖추게 될 것이다.

한 가지 잊지 말아야 할 것은 자존감을 높이겠다고 나를 아프게 하지 말라는 것이다. 두 개의 집단을 나누어 차가운 물에 손을 넣고 오래 참는 사회심리학 실험을 했다. 한 집단에는 통증이 심해서 멈추고 싶다면 '아프다'는 표현을 해도 된다고 말했다. 다른 집단에는 이런 말을 하지 않았다. 실험 결과 아프다고 말할 수 있는 집단이 더 오래 견뎠다. 왜 그럴까? 말하는 것만으로도 '자신이 상황을 조절할 힘을 가지고 있다'고 인지하기 때문이다. 스스로 조절할 힘을 가졌다는 생각은 더 나은 결과를 만드는 역할 수행 능력을 향상시킨다.

박 부장: 다음 주 진행인 전국 워크숍이 준비가 이렇게 허술해서 되겠어요? 동선 정해졌나요? 식사할 식당은 결정했나요? 예약은요? 메뉴는 뭔가요? 맛 평가라도 좀 훑어봤나요? 차량 준비는요?

이 차장: 아, 예약 확인할 예정이고요. 메뉴는 괜찮다는 평가가 있긴 한데…… 더 좋은 평가가 있는 식당을 찾아보겠습니다.

박 부장: 아니 지금까지 뭘 준비한 겁니까?!

장 과장: 식당 메뉴 평가는 제가 찾아볼게요. 맛이 없다면 다른 식당으로 변경하면 되죠. 아직 시간이 있으니 찾아보겠습니다. 지난주까지 계속 준비 중에 있었고 하나하나 처리하고 있습니다. 결정이 안 된 부분은 상의하면서 최종 결정해 나가겠습니다.

심리학자 너새니얼 브랜든(Nathaniel Branden)은 그의 저서 《자존감의 여섯 기둥》에서 사람은 '자존감이 높을수록 적절한 의사소통을 할 줄 안다'고 말했다. 또한 자존감이 높으면 의사소통에 있어 타인에게 관대한 마음을 갖는다고 했다. 그의 말은 자존감이 감정과 상관관계가 있기 때문에 의사소통에 영향을 미친다는 의미이다. 자존감이 높은 사람은 자신의 생각을 표현하는 것을 겁내거나 망설이지 않는다. 반대로 자존감이 낮은 사람은 자신의 생각에 자신이 없고 다른 사람의 의견에 휘둘린다.

앞선 대화에서 가장 적절하지 못한 대화를 만들어 가는 것은 박부장임에 틀림없다. 상대를 배려하지도 공감하지도 않는 막무가내 쏟아내기 막말이다. 그러나 자존감이 낮은 이 차장의 대화법이 박 부장을 더 막무가내로 만드는 것은 아닐까? 이 차장과는 반대로 장 과장의 대화 스킬을 보라. 자신이 생각하는 바를 명확히 전달하고 당당하게 말한다. 자존감이 높은 사람의 말투에는 에너지가 있다. 반대 의견이 있다 하더라도 이를 감정적으로 받아들여 상처받지 않는다.

타인의 평가에 의해 좌우되는 자존심에 집중하지 말라. 나 스스로를 존중하는 '자존감'을 높여라. 자존감이 높아지면 타인의 안좋은 평가와 지적에도 쓰러지거나 상처받지 않는다. 자존감을 높이고 당당하게 말하고 싶은가? 그렇다면 이제 하는 말과 생각을 바꿔보자. '내가 왜 이런 말에 상처받지?', '우리는 모두 완벽하지 않아. 그러니 나도 실수할 수 있어', '괜찮아. 다음엔 더 잘할 수 있어' 이렇게 말이다. 자존감이 높은 사람은 타인의 감정에 휘둘리지 않는다. 일의 긍정적인 면을 보려고 한다. 자책하고 슬퍼하고 분노하지 않는다. 결국 내가 하는 말이 나를 만드는 법이다.

결국 자신을 사랑하고 존중하는 사람이 당당하고 자신감 있는 말을 한다. 이런 대화는 상대에게 호감을 주고 관계를 좋아지게 한다. 자존감 높은 사람은 긍정적인 표현을 자주 사용하기 때문에 즐겁고 힘 있는 대화가 된다. 더불어 자신의 생각을 자신감 있게 표현하기 때문에 대화가 명확해진다. 자존감은 나 자신을 상대방 평가에 연연하거나 상처받지 않게 한다. 어느 상황에서나 내가 성장할 기회를 찾으며 내가 정한 행복의 기준과 목표에 집중한다. 나라는 존재를 사랑하듯이 상대방도 존중하기 때문에 건강한 대화가 이루어지고 관계도 좋아진다.

파워포즈 효과

몸의 자세에 따라 자존감이 달라지고
소통의 에너지가 달라진다

'중요한 프레젠테이션 발표 자리인데 왠지 자신이 없어', '면접 자리에서 다른 면접자보다 내 조건이 부족한 것 같아', '업체와의 미팅에서 질문의 내용을 잘 모르겠어.' 당신이 이런 상황에 있다면 한숨이 나며 절로 고개가 숙여질 것이다. 시선을 피하게 되고 목소리는 더 작아진다. 당신은 알고 있는가? 고개를 숙일수록 자신감은 더 떨어진다는 사실을. 자신감을 갖고 자존감을 높이고 싶다면 어깨를 펴고 고개를 들라. 당당한 모습의 자세만 취해도 마음과 정신은 자신감 있는 상태로 따라온다.

김 부장: 괜찮아. 너무 실망하지 마. 어깨 펴. 좋은 일이 또 생길 거야.

이 대리: 그래. 나는 할 수 있어. 다시 한번 해보는 거야.

김 코치: 자자. 힘내 보자. 이번에 역전할 수 있어. 화이팅!

박 선수: 할 수 있다. 할 수 있다. 해낼 수 있다.

김 부장은 어떤 동작을 하며 위와 같은 말을 했을까? 아마도 어깨나 등을 툭툭 두드렸을지 모른다. 이 대리는 주먹을 불끈 쥐었으며 김 코치는 선수들과 하이파이브를 한다. 박 선수는 결심한 듯 고개를 끄덕이거나 가슴을 활짝 폈을 것이다. 말과 행동은 분리되어 있지 않다. 취하는 자세와 감정도 분리되어 있지 않다. 자신감을 갖고자 한다면 이미 자신감이 넘치는 것처럼 자세를 취하라. 그런 자세는 당당함과 용기를 불러일으켜 말투를 달라지게 한다. 자신감 있는 말투로 바뀌면 당신은 당연히 자신감 넘치는 있는 사람이 된다.

긴장을 풀고 마음을 안정시킬 때 우리는 심호흡을 한다. 어깨를 돌려 근육을 풀거나 고개를 들고 하늘을 본다. 지금의 불안감을 해소하고 분위기를 전환하기 위해서다. 코로 심호흡을 하게 되면 심장 박동을 느리게 할 수 있다. 코로 들어오는 호흡 리듬의 변화는 변연계와 전전두엽을 자극하여 감각기관을 조절하는 데 영향을 미친다. 몸의 긴장을 풀면 마음도 안정되고 감정이 조절되는 것이다. 화를 참을 때 천천히 심호흡을 하게 되는 자연스러운 이치다.

유럽 사회심리 저널에 실린 2009년의 실험은 자세에 따라 마음가짐이 어떻게 달라지는지를 보여준다. 이 실험의 연구진은 실험대상자에게 입사지원서를 쓰도록 한다. 다만 이력서를 쓸 때의 자세를 구부정한 자세와 똑바로 앉는 자세로 각각 요청했다. 실험결과 똑바른 자세로 이력서를 쓴 사람이 자신에 대해 긍정적으로 보았다. 자세에 따라 자신을 평가하는 긍정성이 달라짐을 증명한 것이다. 자세, 즉 신체언어가 어떤지에 따라 감정도 기분도 마음가짐도 영향을 받는다.

실망하거나 힘든 상황에 있는가? 혹은 지금 용기와 다짐이 필요한가? 그렇다면 일어나서 어깨를 펴라. 두 발을 벌려 굳건하게 딛고 주먹 쥔 양팔을 벌려 하늘로 뻗어라. 그리고 가슴을 활짝 펴고 고개를 들어 하늘을 올려보라. 나를 힘 있게 만드는 '파워포즈'다. 포즈를 취하며 '나는 내 인생의 주인공이다. 나는 모든 문제의 답을 찾을 지혜가 있다'라고 소리도 내라. 따라 해도 좋다. 아니, 힘들고 지쳐 용기가 필요하다면 해보길 권한다.

'파워포즈'를 하는 것만으로도 기분이 나아지고 자신감이 생기는 이유는 왜일까? 이것은 단순한 기분 탓이 아니다. 자세를 바꾸는 것만으로도 우리 몸에서 실제로 호르몬 변화가 일어난다는 것이 과학적으로 증명되었다. 하버드대 교수이자 사회심리학자 에이미 커디(Amy Cuddy)는 몸의 자세를 어떻게 하느냐에 따라 사람들의 마음가짐뿐만 아니라 더 나아가 인식까지도 바꿀 수 있다고 말한다.

에이미 커디는 실험 참여자를 두 그룹으로 나누어 한 그룹에는 바른 자세로 가슴을 펴게 하고 '힘 있는 자세'를 취하고 있다는 것을 알린다. 나머지 그룹에는 시선을 아래로 향하게 하고 몸을 웅크리게 하여 '힘없는 자세'를 하고 있다고 말한다. 2분 정도 자세를 취한 뒤 타액을 채취하여 호르몬 검사를 했다. 그 결과 힘 있는 자세를 취한 그룹에서는 테스토스테론 수치가 20% 상승했고, 코르티솔은 25% 감소했다. 테스토스테론은 남성 호르몬으로 의지력이나 적극성 등 활력을 높이는 호르몬이다. 이와는 반대로 코르티솔은 스트레스 호르몬이다.

몸으로 취하는 자세만으로도 호르몬 분비가 달라졌다. 신체적 자세에 따라 호르몬이 변화하고, 호르몬 변화에 따라 심리 상태도 달라지는 것이다. 심리 상태와 생리학적 상태가 밀접하게 관계되어 있으면서 상호보완한다는 '체화된 인지'라는 분야가 있다. 웃으면 복이 온다는 말이 체화된 인지를 설명하는 데 적절하다. 웃으면 웃는 근육이 움직이고, 웃는 근육이 움직이면 뇌의 웃음 중추가 활성화된다. 웃음 중추는 즐거운 감정이나 긍정적인 감정에 자극되는데 웃음 중추가 활성화되면 '내가 지금 행복한 상태구나'라고 인지하는 것이다.

거꾸로 억지웃음을 지으면 어떻게 될까? 몸이 웃음 근육을 움직이면 뇌는 신체에서 보내는 신호를 확인하고 그 신호에 따라 행복한 심리 상태를 만든다. 정확하게 신체가 심리 상태를 관장하는 모습이다. 뇌는 신호를 인식할 뿐이다. 그러므로 우리는 의도적이 더라도 자신감 있는 '힘 있는 자세'를 취해야 한다. 힘 있는 자세는 나를 자신감 있고 자존감 높은 상태로 만들기 때문이다. 자존감이 낮다면 가슴을 펴고 시선을 높여서 자세를 바꿔라. 의도적으로 노력해라.

인간은 자신의 믿음으로 만들어진 존재다.
믿는 모습 그대로가 바로 그 자신이다.

-〈바가바드 기타(Bhagavad Gītā)〉

하버드대 심리학 교수이자 철학자인 윌리엄 제임스(William James)는 '심리적 표현을 하기 때문에 심리적 감정을 경험한다'는 이야기를 한다. 제임스-랑게 이론(James-Lange theory)으로 자극-정서-신체적 변화 순이 아닌 자극-신체 반응-정서의 순서로 이루어진다고 말한다. '자신의 의지와 의식적 행동이 성격이나 감정에 영향을 끼친다'는 말이다. '신체적 언어가 마음을 움직이게 한다'는 에이미 커디의 주장과 일맥상통한다.

다른 사람의 의견을 수용할 때는 몸을 앞으로 숙여 말하는 사람에게 다가간다. 팔짱을 끼면 열린 생각을 하기 어렵다. 슈퍼맨 자세를 취하면 자신감이 생긴다. 몸을 쓰는 것에 따라 자신 스스로를 다르게 느낄 수 있다. 자극이 신체적 반응을 불러오고 이후에 정서의 변화가 온다는 윌리엄 제임스의 말이 이해가 되는가? 실의에 빠지거나 절망에 허우적거리고 있다면 움츠리고 있는 자신을 바꿔라. 고개를 들고 가슴을 펴고 서라. 실망감이 사라지고 자신감이 생길 때까지.

우리에게 도움이 될 만한 자세를 조언한 미국의 작가 앨버트 허버드(Elbert Hubbard)의 말을 참고해보자. 그는 밖으로 나갈 때는 당당한 자세를 위해 얼굴을 들고 어깨를 활짝 펴라고 말한다. 자세를 바로 세우고 턱을 당긴 자세는 신에 가까운 모습이라고까지 말하며 자세를 강조한다. 자세를 바르고 당차게 만들면 강한 힘이 솟아난다. 그 누구도 나를 흔들 수 없을 만큼 강한 존재가 될 수 있다. 그러니 우리도 얼굴을 들고 턱을 당기고 어깨를 펴자.

그렇다. 가슴을 쫙 펴라. 턱을 당기고 고개를 세워라. 그 자세와 태도는 뇌에 신호를 전달하여 당신을 신이 되기 직전의 존재로 만들어 줄 것이다. 크고 작은 일에서 실망하고 마음이 움츠러들 때 나만의 힘 있는 자세를 만들고 '파워포즈'를 취해보자. 쑥스럽다면 혼자 있을 때나 화장실에서라도 몸의 언어를 말하라. 감정이 달라졌다면 자신을 믿고 스스로의 존재감을 잃지 않는 말과 행동을 하라. 몸의 언어는 나를 변화시키고 당연히 타인과의 소통 에너지를 달라지게 한다.

멘탈

평판에 연연하지 않는
강철 멘탈을 가져야 좋은 대화를 할 수 있다

다른 사람이 나를 어떻게 생각하고 있는지 의식하기 시작했다면 당신은 자신의 모든 생각과 결정을 의심하게 된다. '내가 맞을까?', '다른 사람들이 내 생각을 비웃으면 어쩌지?' 나의 정신은 점점 더 타인의 눈치를 보게 되고 결국 '나'는 사라지고 만다. 주변의 평판에 이리저리 휘둘리지 않으려면 강철 멘탈을 가져야 한다. 정확히 문제가 무엇인지 파악하고 '문제가 있다면 해결하면 돼'라는 마음가짐을 가져라. 당신의 당당한 모습은 주변의 시선과 평판도 달라지게 한다.

송 국장: 강 과장, 당신 말투가 딱딱해서 직원들이 불편해하는군.

너무 고압적으로 말한다는 의견이 있어.

강 차장: 명확하게 일하는 방법을 가르치고 지도하라고 하셨잖아요.

송 국장: 그랬지. 그렇지만 직원들은 함께 일하기 불편하다는군.

강 차장: 다른 직원들이 불편하다고 말하는 것만으로 저를 평가하시는 건가요?

송 국장: 대부분의 직원들이 그렇다니 내가 어쩌겠어.

강 차장: 상사로서 정확하고 객관적인 평가를 해야 한다고 생각합니다.

두세 사람의 평가로 나는 냉정하게 일만 하는 고압적인 사람으로 평가받았다. 중간관리자로 지칭되는 역할에 놓인 사람에게 이런 경험은 흔할 수 있다. 몇몇 동료의 불평이나 뒷말이 평판이 되고 그에 따라 진실과는 상관없이 저평가되었던 나의 상황처럼 말이다. 그렇다면 평안한 직장생활을 위해 평판 관리에 신경 써야 하나? 위아래, 옆을 수시로 둘러보며 '좋은 사람'으로 남기 위해 애써야 하는 걸까? 아니다. 타인이 만든 기준인 '평판'에 휘둘리지 말자. 나를 자유롭게 해줄 태도와 이를 유지할 강철 멘탈이 더 중요하다.

텍사스대 세나 가벤(S. Garven)은 실험에서 '모두가 그렇게 생각하는데 당신의 의견은 어떠한가?'라는 질문과 '당신의 의견은 어떠한가?'라는 질문이 동의율을 약 50%까지 차이 나게 하는 것을 확인했다. 실험을 통해 사람들은 자신의 의견이 무엇이든 상관없이 많은 사람들이 판단하는 방향으로 가기를 원한다는 것을 알았다. 그것이 진짜 '모두'의 의견인지 확인되지 않았더라도 말이다. 우리가 '평판'에 휘둘리는 이유다.

우리는 평판이 좋은 사람의 의견을 따라간다. 하지만 사람이 좋고 평판이 좋다고 옳은 말을 하는 것은 아니다. 신기루 같은 평판에 홀려 쫓아가지 마라. 반대로 타인의 평가에 따라 자신의 가치를 저평가하지도 말아라. 주변인에게 칭찬받았다고 내가 좋은 사람이 되고 비판받았다고 보잘것없는 사람이 되는 것이 아니다. 진정한 나를 찾아 스스로를 인정하는 노력을 해보기 바란다.

- 내 말투가 딱딱하다고? 그럼 어떻게 말해야 하는 거지?
- 부드럽게 말해야 하는 건가? 내 주장을 줄이라는 것인가?
- 일하기 위한 말이 아니라 상대의 맘에 드는 말을 해야 하는 게 맞나?
- 업무 지시가 아닌 부탁을 해야 하는 건가?

이 같은 생각으로 나는 직원들과의 대화에서 머릿속이 복잡해졌다. 알고 보니 대부분의 직원이 그런 말을 했다는 것은 사실이 아니었다. 그럼에도 나는 점차 말을 줄이고 입을 닫게 되었다. 말을 할 때마다 주변을 살피며 직원들이 나를 어떻게 생각하고 있는지 걱정하는 나를 발견했다. 생기발랄했던 내가 직원들의 표정을 살피며 의기소침해지는 건 오래 걸리지 않았다. 게다가 직원들이 아무런 말을 하지 않아도 '저 직원이 속으로는 나를 안 좋게 생각하고 있을 거야'라며 불안과 두려움에서 벗어나지 못했다.

뇌의 신경가소성이라는 말을 들어봤을 것이다. 뇌는 생각과 행동 그리고 경험을 바탕으로 그에 맞는 새로운 뉴런을 연결시킨다. 반복되는 생각과 자주 하는 행동은 신경가소성을 활발하게 하여 그것을 새로운 학습으로 받아들인다. 내가 주변 평판에 위축되고 소극적인 생각에 사로잡힌다면 나는 점점 그들의 평판대로 만들어진다. 신경세포의 연결을 재구성해야 이겨낼 수 있다. 의도적으로 긍정 경험을 떠올리고 작은 성공을 반복적으로 만들어 가야 긍정의 신경회로가 다시 연결된다. '좋은 일'에 집중하는 것이 멘탈 관리의 핵심이다.

게일 가젤(Gail Gazele)은 그의 저서 《하버드 회복탄력성 수업》에서 '소소한 교류의 순간들'이 신뢰를 쌓고 감정을 관리하는 능력을 키운다고 했다. 사람은 타인과의 교류를 통해 과거를 치유하며 회복탄력성을 강화된다. 일상에서 경험하는 찰나의 교류라도 엄청난 효과가 있다는 것이다. 우리는 좋지 않은 평판으로 받은 상처를 사회적 교류, 즉 좋은 인간관계에서 지지, 격려받으며 치유할 수 있다. 나 또한 주변을 좋은 사람으로 바꾸고 그들과의 교류를 통해 에너지를 받으며 회복하고 있다.

송 국장: 강 과장, 당신 말투가 딱딱해서 직원들이 불편해하는군. 너무 고압적으로 말한다는 의견이 있어.

강 차장: 지금 하는 이야기가 정확한 사실이라고 생각하시나요?

송 국장: 많은 직원들이 함께 일하기 불편하다고 하고 있다니까.

강 차장: 불편하다고 느낄 수는 있지만 그것은 그들의 감정일 뿐이라고 생각합니다. 일을 하는 직장에서는 상사가 직원에게 충분히 할 수 있는 말이라고 생각합니다. 친구들과 수다 떨듯 하는 말은 적절하지 않다고 생각합니다.

송 국장: 대부분의 직원들이 강 차장의 말투가 고압적이어서 함께 일하기 어렵다는 말을 했어.

강 차장: 많은 직원이요? 누가 어떤 불편함을 이야기했는지 정확히 알려주세요. 그걸 알아야 어떤 오해가 있는지 알고, 문제가 있다면 고치겠지요.

떨리고 놀란 감정을 내려놓고 자신을 자책하지 않아야 상황을 판단할 수 있다. 상황을 정확하게 직시해야 멘탈이 흔들리지 않고 말할 수 있다. 상대방이 공격적인 상태로 나를 마주한다면 더더욱 그렇다. 의사소통 전문가 샘 혼(Sam Horn)은《함부로 말하는 사람과 대화하는 법》에서 '방금 뭐라고 하셨죠?'라는 말을 적극 활용해 보라고 권한다. 상대로 하여금 다시 한번 생각하고 말하도록 자극을 주는 것이다. 그런 맥락에서 나의 대화가 위와 같이 이어졌다면 명확한 사실을 확인할 수 있었을 터이고 상처는 좀 덜 하지 않았을까?

나는 나를 아끼고 보살펴야 한다. 내가 나를 힘들게 하는 일은 바보 같은 짓이다. 나의 멘탈을 지키기 위해서는 '내가 가장 중심에 있어야' 한다. 약하고 깨지기 쉬운 멘탈을 '유리멘탈, 순두부멘탈'이라고 한다. 요즘은 더 약한 정신을 부서지기 쉬운 과자에 비유해서 '쿠크다스멘탈'이라고 부르기도 한다. 스치기만 해도 부서지는 쿠크다스멘탈을 가지고 있다면 스스로 매일 멘탈 강화 운동을 해야 한다. 멘탈 관리도 근력운동처럼 조금씩 매일 꾸준하게 연습해야 한다. 근육이 하루아침에 단단해지지 않는 것처럼 우리의 정신도 천천히 단련시키자.

화가 나는 상황인가? 그렇다면 일단 분노를 가라앉혀라. 지금이 화를 낼 만한 상황인지 객관적으로 살펴보라. 잠시 그 자리를 떠나 마음을 가라앉히거나 'STOP!'을 외치며 분노에서 벗어나라. 마음속에 폭풍이 불어닥치면 심한 폭풍은 잠시 피해 가자. 현명해지라는 말이다. 맞서지 마라. 폭풍에 맞서 봤자 부서지고 찢기는 것은 작은 배다. 잠시만 피하면 폭풍은 멈추고 파도도 다시 잔잔해질 것이다. 나를 아끼고 보호하려면 폭풍우로부터 잠시 대피시켜라.

도종환 시인의 〈흔들리며 피는 꽃〉이라는 시가 있다.

흔들리지 않고 피는 꽃이 어디 있으랴
이 세상 그 어떤 아름다운 꽃들도
다 흔들리면서 피었나니
흔들리면서 줄기를 곧게 세웠나니
흔들리지 않고 가는 사랑이 어디 있으랴

젖지 않고 피는 꽃이 어디 있으랴
이 세상 그 어떤 빛나는 꽃들도
다 젖으며 피었나니
바람과 비에 젖으며 꽃잎 따뜻하게 피었나니
젖지 않고 가는 삶이 어디 있으랴

　　모든 꽃은 비에 젖고 바람에 흔들린다. 그러면서도 자신만의 색깔과 모양으로 예쁘게 꽃을 피워낸다. 우리도 꽃을 피운다. 일터에서 가정에서 사람과의 관계에서. 꽃을 피우기 전 잠시 흔들렸다고 꽃 피우기 자체를 포기하지는 마라. 타인의 말과 생각이 힘들다면 잠시 앉아서 쉬되 무너지지는 말자. 흔들리고 젖더라도 곧게 줄기를 세우자. 타인의 말이나 평가에 연연하지 말고 나만의 품격 있는 꽃을 피우자.

품격

무심코 함부로 던지는 말에서
나의 품격이 드러난다

"너무 화가 나서 그런 말이 튀어나왔네. 화가 나면 그렇게 말을 할 수도 있지. 잊어버려" 그렇다. 그럴 수도 있다. 그렇지만 그 말에 상처 입은 사람은 상대방을 예전과 같은 관계로 만날 수 없다. 말은 주워 담을 수 없다. 잊으란다고 잊히지 않는다. 말투와 말 습관에서 뿜어져 나오는 태도는 절대 숨길 수 없다. 단지 몇 마디 대화를 나누는 것만으로도 우리는 알 수 있다. 숨겨지지 않는 그 태도는 그 사람의 품격으로 우리에게 각인된다.

박 본부장: 오늘은 왜 늦었나? 아예 집에 있지 뭐 하러 나오나?
이 대리: 알람이 울리지 않아서 늦게 일어났는데, 지하철까지 연착

197

이 되어 늦었습니다.

박 본부장: 매일 핑곗거리 생각하느라 바쁘겠어! 그렇게 잔머리 굴
리지 말고 일에 좀 더 신경 쓰지 그래.

이 대리: 핑계가 아니라 오늘 진짜 운이 없었어요.

겉으로 보이는 생김새가 잘생기고 멋지더라도 입 밖으로 나오
는 말이 박 본부장과 같다면 어떨까? 자주 만나며 오랜 시간 함께
이야기 나누고 싶은가? 확신하건대 필요 이상 그와 가까이하려
는 사람은 없을 것이다. 품격은 겉모습이 아닌 내부에서 우러나는
것이다. 특히 입으로 나오는 말투는 그 사람의 품격을 그대로 반
영한다. 품격 있는 말이 자연스레 나오려면 평소 말 습관을 신경
써라. 말 습관은 부단한 노력으로 몸에 익는다.

박 본부장처럼 '왜'를 묻는 것은 품격 있는 말이 아니다. 상대와
각을 세우는 말 습관이다. '왜'보다는 '무엇을', '어떻게'에 집중하
여 말해야 한다. '무엇을', '어떻게'로 이어지는 말은 품격 있는 대
화의 기본이다. 공격성을 나타내지 않으며 상대를 변화하게 만드
는 마법의 말이기 때문이다. '무엇 때문에 늦었나요?', '앞으로 어
떻게 할 건가요?'라는 말은 지각하지 말라는 강요보다 훨씬 큰 힘
을 가진다.

미국 가톨릭대 루이스 패러다이스(L. V. Paradise)는 같은 상담사
가 각각 사용하는 말을 '상스러운 말'과 '고운 말'로 달리하여 영상

을 만들어 사람들에게 보여주었다. 그러고는 어떤 인상을 받았는지 확인해 본 결과 상스러운 말을 사용한 상담사에게 부정적인 인상을 느끼는 것을 확인했다. 부정적인 인상으로 '전문적으로 생각되지 않는다', '능력이 있는 것 같지 않다', '자격이 없어 보인다', '냉정하다' 등이 나타났다. 같은 사람이라도 하는 말에 따라 그 사람의 신뢰도까지 달라질 수 있다.

프랑스 니스의 어느 카페 커피값

- "커피" – 7유로
- "커피 주세요." – 4.25유로
- "안녕하세요, 커피 한 잔 주세요." – 1.4유로

손님의 품격에 따라 커피값을 다르게 받겠다는 아이디어는 신선하다. 그렇지만 달리 생각해 보면 얼마나 품격 없는 손님이 많았기에 이렇게까지 하는 걸까 씁쓸하다. 말에는 그 사람의 인품이 묻어난다. 말이 거친 사람이 품격 있을 리 만무하다. 한자로 품(品) 자는 '등급', '품격'의 뜻을 가진다. 입 구(口) 자가 3개 있는 글자로 여러 사람이 모여 의견을 주고받으며 좋고 나쁨을 판정한다는 의미가 있다. 결국 품격은 나의 말과 행동을 보고 다른 사람들이 판단하는 것이다.

"커피"라고 말하기보다 "안녕하세요, 커피 한 잔 주세요"라고

말하는 것이 훨씬 품격 있다. 왜 그럴까? 듣기에 부드럽고 상대를 존중하는 말투이기 때문이다. 품격 있는 말을 하기 위해서는 단어 선택에 신중해지자. 공격적이지 않으면서 긍정적인 단어를 선택 해서 말하라. 화가 나는 상황이더라도 감정을 내려놓고 목소리의 톤과 속도를 조절하며 존칭을 사용해야 한다. 듣기에 불쾌한 말을 하면서 동시에 품격을 갖출 수는 없다.

한 가지 덧붙이자면 품격은 말투뿐만 아니라 말의 내용에서도 만들어 갈 수 있다. 자신의 지위가 높다는 것을 이용하여 아래 직 원을 무시한다거나 모욕적인 말을 한다면 아무리 말투를 좋게 하 더라도 소용이 없다. 우리는 상대가 지닌 지위에 맞는 품행 수준을 기대한다. 기대에 미치지 못하는 수준의 말과 행동을 볼 때 실망하 고 그의 품격을 낮게 평가한다. 그러니 무심코 말하지 말라. 생각 하고 신경 써서 말하라. 자신의 말 습관을 아름답게 갈고닦아라.

───────◆───────

내 언어의 한계는 내 세계의 한계를 의미한다.

_비트겐슈타인(Ludwig Wittgenstein)

나는 내가 사용하는 언어다.
'언어는 존재의 집'이다.

_하이데거(Martin Heidegger)

품격 있게 말하는 특별한 방법은 없다. 그저 자신이 한 말에 대해 틈틈이 생각하고 점검하여 말 습관을 고쳐나가야 한다. 적절한 말투를 찾고 끊임없이 수정하며 나만의 말 습관으로 길러내야 한다. 비트겐슈타인의 말처럼 내가 사용하는 언어가 나의 한계, 즉 나의 레벨을 말해주기 때문이다. 길거리 불량배가 사용할 만한 말을 하면서 존경받는 인사로 대접받기는 어렵지 않겠는가? 언어가 존재의 집일 수 있는 이유다.

고려대 심리학과 고영건 교수는 그의 저서 《행복의 품격》에서 선물을 받을 줄 모르는 사람에 대해 말한 바 있다. 선물을 받고 '나 이거 집에 있는데', '이런 걸 뭐 하러 사 왔어'라고 하는 사람은 선물을 받을 자격이 없다는 것이다. 그러나 우리 주변에는 이렇게 말하는 사람이 많다. 선물을 받았다면 선물을 준비한 사람의 마음을 헤아릴 줄 알아야 품격 있는 사람이다. 설령 그 선물이 마음에 들지 않더라도 말이다. 더불어 고마움과 감사의 마음을 언어로 표현한다면 그와의 관계는 더욱 돈독해지고 신뢰가 쌓이게 된다.

언어가 존재의 집이고 언어가 나의 세계라면 나의 세계를 넓히고 품격을 높이는 것은 의외로 간단하지 않은가? 내가 사용하는 언어의 수준만 올리면 된다. 우리가 말을 하기 위해 선택한 단어는 내가 세상을 보는 방식과 태도이다. 말끝마다 '이게 되겠어?', '내가 하기엔 좀……'이라고 말하는 사람이 있다. 그의 언어는 부정적이고 자신감이 없다. 이런 말을 하는 사람은 삶을 대하는 자세도 수동적이고 소극적이다. 그래서 하려는 일도 성공하지 못하게 되는 것이다. 언어를 바꾸는 노력은 생각하는 방식과 세상을 대하는 태도까지 바꿀 수 있다. 단어를 잘 골라 사용하자. 사용하는 언어에 따라 삶의 태도도 달라질 것이다.

'나는 너와 달라', '나는 기품 있고 세련된 사람이야'라고 입으로 떠든다고 품격이 생기는 것이 아니다. 또한 '지금부터 품격 있는 말만 하겠어'라고 다짐한다고 언어의 품격이 만들어지지도 않는다. 몸에서 묻어나는 타인 존중과 배려의 말이 필요하다. 매일 매 순간 스스로의 말을 돌이켜 보고 말 습관을 갈고닦아야 한다. 내가 무심코 하는 말이 나의 세계를 반영하기 때문이다. 나의 삶의 태도가 묻어있는 나의 언어를 품격 있게 만들자. 자꾸만 나의 말을 돌이켜 보자.

겸손

겸손한 말은 결국 나를 세우고
좋은 피드백을 받게 된다

겸손한 사람은 나를 낮추고 상대방을 존중하는 겸손의 말을 사용한다. 겸손의 말에는 상대를 신뢰하고 상대방의 장점을 수용하는 태도와 감사의 마음이 있다. 말 습관은 평생에 걸쳐 켜켜이 쌓여 만들어진 습관이다. 또한 말은 말하는 사람의 내면을 그대로 드러내게 마련이다. 상대를 존중하는 겸손한 사람 곁에 좋은 사람들이 많아지는 것은 당연하다. 이렇게 좋은 사람과의 관계에서는 좋은 피드백들이 오간다. 겸손함이 좋은 사람과 좋은 피드백을 불러오고 겸손의 말 습관 덕분에 좋은 피드백으로 나를 발전시켜 나간다.

장 상무: 출장보고서 왜 안 올렸어?

민 차장: 어제 늦게 출장에서 돌아왔기에 오늘 작성해서 보고하겠습니다.

장 상무: 야, 일을 알아서 해야지. 출장은 어제였잖아!

민 차장: 그럼 어제 밤늦게 출장보고서를 썼어야 한다는 말입니까?

장 상무: 출장보고서 왜 안 올렸어?

백 차장: 상무님도 잘 아시겠지만, 출장에서 돌아와 보고서를 작성할 시간이 부족했습니다.

장 상무: 그래도 그렇지. 출장은 어제였잖아!

백 차장: 네. 제 입장만 생각했습니다. 그렇지만 이런 일이 또 있을 수 있으니, 이번 기회에 상무님께서 출장보고서 제출 기한에 대해 한번 고려해 주시면 어떨까요?

겸손은 남을 존중하고 자신을 드러내지 않는 태도이다. 단순하게 자신을 낮추는 것이 겸손이 아니다. 그럼에도 분명한 것은 나의 말보다는 상대를 존중하며 경청하는 것으로 겸손의 말투가 시작된다는 것이다. 덧붙여 겸손은 명령하는 말투가 아닌 청유하는 말투이며 주장하기보다는 동의를 요청하는 말로 이루어진다. 겸손한 사람은 나의 부족함을 인정하는 사람이다. 상대방을 향해 열린 마음이 있는 수용성을 갖춘 사람이다.

《피터팬》으로 유명한 영국 소설가 제임스 메튜 베리(James Matthew Barrie)는 '인생은 겸손에 대한 오랜 수업이다'라고 말했다. '벼는 익을수록 고개를 숙인다'는 우리나라 속담도 있다. 이렇듯 겸손은 겉으로 드러나지 않는 자신감이며 천천히 오랜 시간에 걸쳐 몸에 익혀가는 것이다. 직장에서 지위가 높은 상사가 겸손의 말을 사용할수록 조직에서의 의사소통이 좋아진다. 상대에게 고개 숙이는 것은 자존심을 버리고 복종한다는 것이 아니다. 오히려 상대방을 존중한다는 정중한 태도이다.

겸손한 사람은 기본적으로 상대방으로부터 배우려는 자세를 가지고 있다. 상대를 이기려 하거나 내 주장만 하지 않는다. 부정적인 말보다는 긍정적인 말을, 명령의 말보다는 제안하는 형태의 말이 겸손한 말투이다. 백 차장처럼 자신이 부족하다는 것을 말로 드러내며 상대의 의견을 수용하겠다는 자세가 겸손한 말을 하는 사람의 모습이다. 이렇게 말하는 사람은 상대에게 상처를 주지 않고 피드백을 제공할 수 있다. 겸손의 말투를 통해 좋은 피드백을 수용하고 자신이 성장하는 발판을 삼는다.

김 사원: 전국 워크숍을 하는데, 부장님은 하나도 일을 안 하고 다 다른 사람에게 떠넘기고 있어요. 너무 힘들어요.

강 차장: 강연회 준비와 맞물려서 일이 많겠네. 그래도 부장님이 힘내라고 밥도 사 주고 응원해 줬다며. 힘내요.

김 사원: 그거 부장님이 사주는 거 아니잖아요. 다 법인카드로 사
는 건데요, 뭘.

강 차장: 그렇지만 김 사원을 응원하는 마음이 있는 거죠.

'감사'는 내 마음을 여유롭게 하고 삶을 풍성하게 한다. 감사하
는 마음을 가질 때 타인에 대해 긍정적이고 밝은 반응을 가질 수
있다. 불평보다 감사를 실천하라. 김 사원처럼 불평불만을 입에
달고 타인의 잘못을 꼬투리 잡으려는 태도는 좋은 관계를 맺는 데
전혀 도움이 되지 않는다. 법인카드로 밥을 사주는 것에도 진심으
로 감사함을 표현하라. 누군가가 나의 일에 작은 도움이라도 주었
다면 커피 한 잔으로라도 감사함을 표현해라. 감사는 좋은 피드백
이 되어 내게 다시 돌아온다.

피드백은 '먹이를 주다'라는 뜻이다. 즉 삶에 도움되는 영양분
을 제공한다는 뜻으로 우리는 피드백을 통해 성장한다. 미국의 경
영학자 피터 드러커(Peter Ferdinand Drucker)는 '역사상 알려진 유
일하고 확실한 학습 방법은 피드백'이라고 했다. 자신의 강점에
집중하며 피드백을 받아들이는 과정은 탁월함으로 나아갈 수 있
는 원동력이 된다. 겸손해야 피드백을 받아들일 수 있고 피드백을
받아들일수록 더욱 겸손해진다. 우리는 계속되는 피드백을 성장
의 발판으로 삼을 수 있다.

피드백은 받아들일 때뿐만 아니라 피드백을 할 때도 겸손한 말

투로 해라. 피드백이 강요나 지적이 아니기 때문이다. 명심보감 언어 편에서 군평은 '입과 혀는 재앙과 우환이 들어오는 문이요, 몸을 상하게 하는 도끼와 같다'고 말한다. 우리는 상대를 위한 피드백을 한답시고 상대에게 날카로운 말을 휘두른다. 그렇지만 그 말은 재앙이 되어 돌아온다. 피드백은 상대방의 장점을 잘 섞어 솜사탕처럼 부드럽게 해야 한다. 겸손한 말투로 부드러운 피드백을 해야 상대방이 수용하고 받아들인다.

A humble person is never afraid of being wrong.
겸손한 사람은 자신이 틀렸다는 것을 겁내지 않는다.

〈나의 겸손함 체크 리스트〉

그렇다 5점 / 아니다 0점

항목	그렇다	아니다
나는 어떤 피드백도 수용하려고 노력한다.		
나는 내가 틀릴 수 있음을 인정한다.		
나는 항상 배우려는 자세를 가진다.		
나는 주변 사람의 장점에 집중하고 이를 칭찬한다.		
나는 나보다 잘하는 사람이 있다는 것을 생각한다.		
나는 모르는 것은 솔직하게 말한다.		
나는 다른 사람에게 감사의 마음을 표현한다.		

겸손한 말을 하는 사람은 모르는 것을 모른다고 말한다. 내가 틀렸을 때도 우기기보다는 틀렸음을 인정하고 새로이 배우기를 두려워하지 않는다. 나 자신을 낮추고 상대를 존중하는 것이 존중의 말, 겸손의 말이라고 했다. 나의 겸손함이 어느 정도인지 '나의 겸손함 체크 문항'을 해보기 바란다. 문항마다 '그렇다' 5점에서부터 '아니다' 0점까지 정도에 따라 차등 점수를 줄 수 있으며, 점수가 높을수록 겸손함이 높다고 평가할 수 있다. 겸손함이 낮다면 점수를 높이기 위해 노력을 해보자.

브리검영대 매리엇 경영대학원의 조직심리학자 브래들리 오웬스(Bradley Owens) 교수는 표현된 겸손성이 개인의 성과와 팀원들의 성과에 더 많이 기여한다고 확인했다. 사실 성과에 있어 가장 중요한 영향을 미치는 변수는 바로 지능이다. 지능을 대체하여 성과를 높이는 기술은 찾아보기 어렵다. 그러나 놀랍게도 '겸손하게 말하기'를 통해 겸손성을 높이면 지능이 낮음에도 불구하고 높은 성과를 나타낸다. 리더가 겸손성이 높을수록 부하직원의 직무만족도가 높게 나타나는 실험 결과도 있다. 이렇듯 겸손한 말 습관은 조직에 중요한 영향을 미친다.

여기서 영향력을 미치는 겸손성은 '밖으로 표현된 겸손함'을 말한다. 표현된 겸손함은 겸손한 말투로 말하거나 상대를 대하는 겸손한 태도의 드러남이다. 이러한 겸손함의 표현은 좋은 피드백을 통해 강화된다. 직장동료가 나를 인정해 주거나 내 일을 도와주는 등의 피드백을 받으면 나의 겸손성은 높아진다. 겸손함을 통해 더 좋은 관계를 맺고, 좋은 관계는 더욱 좋은 피드백으로 이어지는 선순환이 계속된다. 한마디로 정리하자면 좋은 피드백이 겸손성 향상을 훈련하게 되는 것이다.

우리나라에서는 '개인'으로서의 존재보다는 '누군가의 어떤 사람(누구의 아들, 누구의 후배)'으로 존재를 설명한다. 관계 중심의 정서와 문화를 중요하게 생각하기 때문이다. 이렇게 관계 중심의 한국인에게 '겸손하게 말하기'는 관계를 좋아지게 만드는 초석이다. 특히 조직 리더의 겸손성 표현은 직원들과의 신뢰와 동기 부여를 높인다. 겸손한 말 습관은 조직의 변화를 도모할 뿐만 아니라, 나 자신에게 도움되는 피드백도 가져온다는 사실을 잊지 말자.

강점 관점

상대의 강점에 집중해서
이야기하면 통한다

"다 너를 위해서 하는 말이야"로 시작하는 말은 듣기가 싫다. 대부분 나의 단점과 부족한 면을 끄집어내는 말이 이어지기 때문이다. 아무리 좋은 말이어도 귀에 들어오지 않는다. 아니, 듣고 싶지 않다. 관계에 도움이 되는 말은 어떤 말인가? 상대방의 강점을 부각시키는 부드러운 리액션이다. 내가 상대방의 강점을 말하기 시작하면 놀랍게도 상대는 나의 이야기에 매우 집중한다. 나아가 상대는 칭찬에 부합하는 사람이 되고자 행동까지 변화시킨다. 강점에 집중한 말하기는 엄청난 힘을 가지고 있다.

A: 사업 보고서를 정말 잘 썼네. 자료를 정리하고 분석하는 능력이

좋구먼.

B: 최상의 사업 보고서를 쓰려고 노력했군요. 일에 대한 열정이 느껴지네요.

C: 김 대리님은 언제나 세련되고 멋지시네요.

D: 김 대리님의 친절한 모습이 정말 멋져요.

어떤 사람도 일부러 '저 사람의 나쁜 점만 봐야지'라고 작정하지는 않는다. 그와 반대로 대부분의 사람들이 상대와 좋은 관계를 유지하고 싶어 한다. 나 또한 같은 마음이라면 상대의 강점에 집중해 보자. 비슷하게 들리지만 강점은 장점과 다르다. 강점에 집중한 대화가 훨씬 더 효과적이다. A부터 D까지 모두의 칭찬은 비슷해 보인다. 그렇지만 A와 C는 장점을 B와 D는 강점을 칭찬했다. 무엇이 다른가? 당신은 그 차이를 알겠는가?

사전적 의미로 장점은 좋거나 잘하거나 긍정적인 점을 말한다. 강점은 남보다 우세하거나 더 뛰어난 점으로 정의된다. 개인의 특성이나 지식 등의 잘하는 점을 말한다면 장점을 말하는 것이다. 반면 경험에서 비롯되는 것으로 다른 사람과 비교하여 더 우세한 특징을 말하는 것은 강점이다. 장점은 재능, 강점은 보다 가치 있는 점이라고 보면 쉽게 이해된다. 자료를 분석하는 것이 장점인 상대를 칭찬했지만 자료 분석에 있어 그가 최고임을 칭찬한 것은 아니다(더 잘하는 사람이 나타날 수 있다). 반면에 B는 사업 보고서가 최

고라고 하지는 않았지만 이를 작성하는 상대방의 열정과 노력을 최고로 인정하는 칭찬을 한 것이다. 누구의 말을 들을 때 더 뿌듯해지겠는가?

작가 이임숙도 자신의 저서 《엄마의 말공부》에서 칭찬을 할 때는 장점보다 강점을 말하라고 한다. 강점을 칭찬한다는 것은 상대의 존재 가치를 인정하는 말이기 때문일 것이다. 상대의 강점을 말하기 위해서는 상대가 가지고 있는 남보다 뛰어난 자질과 가치를 찾아야 한다. 이를 위해서는 상대방에게 애정과 관심을 가져야 한다. 그리고 잘 관찰해야 한다. 애정을 가지고 살펴본다면 그의 좋은 점을 많이 알게 될 것이다. 좋은 점이 많은 상대방과 나, 나의 좋은 점을 바라봐 주는 너, 서로의 관계가 나빠질 리 있겠는가?

송 팀장: 야, 이게 되겠니? 이렇게 홍보해서 누가 보겠어? 영상이
　　　　라도 찍든가 해야지.
장 과장: 주어진 예산이 많지 않아서 영상 제작이 어려우니 이렇게
　　　　라도 해봐야지요.
송 팀장: 이렇게 할 거면 안 하는 게 낫지. 이걸 홍보라고…….
장 과장: …….

우리 주변에는 송 팀장처럼 부정적인 면을 먼저 바라보는 사람이 있다. 사람은 부정적인 것을 더 오래 기억한다. 막말이나 부정

적인 표현, 욕설이 오래 기억되는 것은 부정적인 말이기 때문이다. 우리는 부정적인 말을 듣는 순간 편도체가 자극받는다. 편도체가 활성화되면 심장이 빨라지고, 근육이 수축한다. 이성적 판단보다는 감정이 한발 앞서 솟구친다. 그러니 송 팀장처럼 부정적인 말을 하는 것은 상대의 편도체를 자극하는 것으로 관계를 망치는 어리석은 짓이다.

당신 가까이에는 송 팀장 같은 사람이 많은가? 일터에서 도대체 긍정의 말을 들을 수가 없다고? 그렇다면 나라도 스스로에게 긍정의 말을 해주어라. 뇌는 가장 익숙하고 가장 많이 들었던 내 목소리에 귀 기울인다. 나의 강점을 찾아 칭찬하는 말을 나에게 해줘라. 거울을 보며 나에게 말해라. '나는 어떤 상황에서도 포기하지 않는 용기와 집념이 있구나. 잘하고 있네!', '일을 새롭게 보는 나의 호기심은 발전의 원동력이야. 나는 성공하게 될 거야!', '나는 언제나 친절해. 사람들도 그걸 알아주고 있어.'

심리학자 빅 티비츠는 사람들이 좋은 기억보다 좋지 않은 기억을 3배 더 오랫동안 기억한다고 했다. 우리의 뇌는 긍정의 감정보다 부정의 감정을 1.4배 더 강하게 느낀다. 그렇기 때문에 긍정적인 말로 좋은 기억을 만들기 위해 더 노력해야 한다. 긍정의 말은 많이 듣고 많이 해야 잘할 수 있게 된다. 상대방에게 해주는 긍정의 말 중 가장 탁월한 것이 바로 강점을 칭찬해 주는 말이다. 그러니 상대의 강점을 잘 찾아서 자주 소리 내어 말해줘라.

한 과장: 너무 떨려서 제가 발표를 잘했는지 모르겠어요. 신규 사
　　　　 업인데 잘되었으면 좋겠어요.

박 부장: 내용을 발표할 때는 좀 더 신뢰감 있는 목소리로 했어야
　　　　 하는데…… 다음엔 자세도 더 바르게 하고 손동작도 더 연
　　　　 습해야겠어요. 수고했어요.

강 차장: 너무 떨렸죠? 지금까지 최선을 다해 열정적으로 준비해
　　　　 왔잖아요. 자료 준비의 성실함도 최고였어요. 좋은 결과가
　　　　 있을 거예요.

　나의 입을 통해 밖으로 나오는 말은 내 생각과 의지를 표출하게
마련이다. 내가 사용하는 말이 곧 나다. 바꿔 말하면 언어를 바꾸
면 나도 바뀔 수 있다는 뜻이다. 말을 바꾸면 생각이 바뀌고 생각
이 바뀌면 행동이 바뀌기 때문이다. 박 부장은 한 과장의 강점은
보지 않는다. 아무리 수고했다는 말은 한들 나를 존중해 주는 느
낌을 받을 수가 없다. 박 부장이 긍정적인 사람으로 변화하기 위
해서는 긍정의 말하기를 연습해야 한다. 상대의 강점에 집중한 긍
정의 말하기는 서로에게 좋은 에너지를 전해준다.

　긍정의 말하기로 바꾸는 방법은 의외로 쉽다. 같은 말을 하더라
도 부정적인 단어보다 긍정적인 단어를 선택하는 것이다. "보고
서를 이렇게 쓰지 마"라고 말하기보다 "보고서는 이렇게 쓰면 좋
겠어"라고 말하는 것이다. 부정적인 단어가 선택되면 부정적인

에너지가 차오른다. "거래처와 일할 때 그렇게 말하면 안 돼"보다는 "거래처와는 이렇게 말하는 게 좋을 거야"라고 하자. 긍정적인 단어를 선택해서 말한다는 것을 명심하라.

내가 아무리 강점에 집중하는 긍정의 말을 하더라도 주변에 송 팀장이나 박 부장과 같은 '에너지 좀벌레'가 많다면 나의 긍정 에너지를 유지하기 매우 힘들다. 그럴 땐 과감하게 '더 이상 나의 긍정 에너지를 갉아먹지 마!'라고 선을 긋자. 가능하다면 그들을 내주변 가까이에 오지 못하게 하라. 물리적인 거리 두기가 불가능하다면 심리적인 거리라도 멀리하자. 절대로 내가 그들을 이겨낼 수 있다고 생각하지 말라. 부정의 에너지는 생각보다 전염성이 강하다.

강점에 집중한다는 것은 상대를 혹은 나를 집중해서 관찰했다는 것이다. 잘 관찰하지 않으면 강점을 찾아낼 수 없기 때문이다. 상대에 대한 관심과 긍정적 표현으로 우리는 좋은 관계를 맺는 기초를 튼튼히 할 수 있다. 우리 뇌는 긍정적인 말을 할 때 긍정적인 시냅스를 만들어 내고 이를 확장하기 때문이다. 긍정적인 말이 긍정적 행동을 만들어 내고 긍정적인 사람으로 변화되도록 유도한다. 긍정적인 사람 곁에 좋은 사람들이 관계 맺게 되는 것은 당연한 이치가 아닐까?

PART

5

에너지

에너지의 방향이 다른 사람과는
이렇게 대화하자

우리는 지금까지 말을 하기 전에 어떤 마음가짐을 가져야 하는지를 시작으로 건강한 대화를 하기 위한 방법들을 알아보았다. 대화는 감정이기 때문에 상대의 감정을 잘 파악해서 말해야 한다. 상대를 중심에 두고 이야기해야 한다는 것도 알았다. 물론 나 자신을 바르게 세우고 말해야 한다는 것과 그 방법에 대해서도 살펴보았다. 그럼에도 나와 일하는 상사 또는 부하직원과 가장 적합한 대화 방법은 무엇인지 궁금증이 남을 것이다. 5장에서는 상대에 따른 맞춤형 대화에 대해 좀 더 살펴보자. 사람과의 대화가 수학 공식처럼 대입되지는 않겠지만 유형별 특성을 안다면 상처를 피하고 관계를 돈독히 하는 대화를 이끌어 갈 수 있는 팁이 될 것이다.

서로의 다름을 한 번에 알아챌 수 있는 것은 겉으로 드러나는 에너지이다. 에너지를 발산하는 형인지 내재하는 형인지에 따라 말과 행동은 너무나도 다르다. 발산해야 하는 사람이 그렇지 못한 환경에서 일하고 있다면 답답하다. 반대로 에너지를 채워야 하는 사람이 에너지를 뿜어내는 일을 하고 있다면 지쳐 쓰러질 수 있다. 일뿐만 아니라 만남에 있어서도 상대의 에너지 방향을 고려하여 대화하자. 어떻게 해야 상대에 맞는 대화를 이어갈 수 있을까?

정 팀장: 이번 ESG 프로젝트는 어떤 방향으로 해볼까? 환경과 관련한 임직원의 직접 활동은 어때? 다른 곳의 활동들 조사는 해봤나?

김 대리: 음…….

표 대리: 요즘 자원봉사와 환경을 결합한 활동들을 많이 하던데요 ~ 이런 것도 있고…….

정 팀장: 김 대리는 조사한 내용이나 의견 없어?

김 대리: 아…… 조사한 내용은 비슷한데요.

정 팀장: 별다른 게 없나 보네. 그럼 우리 팀은 조사 내용 모아서 문서로 정리 한번 합시다.

표 대리: 정리는 제가 하겠습니다. 저에게 일단 모두 주세요.

정 팀장: 그래. 역시 착착 알아서 하는구먼.

바쁘게 돌아가는 일터의 회의 시간은 더 정신이 없다. 빠르면서도 성과 있게 일을 진행시켜야 하는 정 팀장은 마음이 바쁘다. 회의 시간에 적극적으로 의견도 내고 알아서 일을 찾아서 해주는 팀원을 기대한다. 그렇지만 회의가 끝날 때까지 한마디도 안 하는 김 대리를 보면 답답하기만 하다. 김 대리는 마음이 편할까? 며칠간 야근하면서 조사한 기업의 ESG 트렌드와 국내 활동 내용을 정리한 문서를 손에서 만지작거릴 뿐 한마디 할 틈도 없이 회의가 끝났다. 두 사람은 왜 소통하지 못한 걸까?

우리는 에너지의 방향이 밖으로 향하는 사람을 활동적인 혹은 외향적인 사람이라고 말한다. 반대로 에너지가 안으로 향하는 사람을 내향적인 사람 또는 내성적인 사람으로 구분한다. 김 대리는 내향적으로 보인다. 내향적인 사람은 자신의 의견이나 주장을 나서서 말하기 어려워하지만 일에 있어 세심하고 매우 꼼꼼하게 자신의 일을 해 나가는 강점을 가지고 있다. 이들에게는 시간을 충분히 주는 배려가 필요하다. 자신의 의견을 말할 수 있도록 마이크를 넘기고 기다려 보자.

외향적인 사람은 빠른 반응을 추구한다. 그래서 정 팀장은 김 대리의 의견을 기다리지 못하고 회의를 끝내버렸다. 관심사가 자신의 외부로 향하다 보니 많은 사람을 만나고 이야기 나누며 에너지를 받는다. 처음 만나는 사람과도 속 이야기를 하며 금세 친해지는 강점을 가지고 있다. 그런 이유로 회의나 모임에서 활동을 주도하고 적극적으로 나서서 일하는 사람들은 외향적인 사람일 가능성이 크다.

〈외향형이 내향형에게〉

- 제발 반응을 좀 해줘.
- 너, 거기 있니?
- 자기주장이 없고 우유부단해요.
- 오! 내가 생각하지 못했던 부분인데.
- 다른 사람의 이야기를 잘 경청해 줘요.
- 이렇게 꼼꼼하게 봐주니 좋아요.
- 항상 온화하고 평온해요.

〈내향형이 외향형에게〉

- 너무 시끄러워.
- 나도 생각 중이야. 시간이 좀 필요해.
- 다른 사람의 말은 안 들리나요?
- 너무 즉흥적이고 경솔해요.
- 여러 사람의 의견을 취합해 가면서 일이 빠르게 진행되네요.
- 발표나 의견 표현을 잘하니 믿음직해요.
- 적극적인 행동력이 부러워요.

서로에 대한 이해를 위해 조직 워크숍을 진행할 때가 있다. 같은 성향의 직원끼리 모이게 하고 서로에게 하고 싶은 말을 해보라고 한다. 그 결과는 보통 위와 같은 내용으로 정리된다. 외향형과 내향형의 가장 큰 에너지의 방향이기 때문이다. 외향형의 사람은 관심이 내가 아닌 타인(밖)으로 향해 있다. 또한 반응속도가 빠르고 목소리 등이 크다. 반면 타인이 아닌 나 자신에게 관심이 향해 있는 내향형 사람들은 생각의 시간이 길고 신중하며 말보다 글(문서)을 더 선호한다.

자, 이제 생각해 보라. 나의 상사는 어떤가? 나의 부하직원은 어떤 성향인가? 나와 잘 맞는다고 생각하는가? 잘 맞지 않다면 어떻게 해야 할까? 간단하다. 에너지의 방향에 맞춰 대화하면 된다. 내향형과 일하고 있는 외향형이라면 속도를 낮추고 볼륨을 줄이는 데 노력해 보자. 회의시간에는 조금만 더 기다리자. 아무도 의견을 내지 않는 것에 답답해하지 말고 내향형에게 마이크를 넘겨라. 마이크를 넘겼어도 조금 더 기다려라. 내향형에게는 시간이 필요하다. 기다리면 내향형은 결국 말을 하고 의견을 낸다. 그것도 엄청 좋은 의견을 말한다.

내가 내향형이라면 외향형과 대화할 때 '말할 준비와 결정할 준비'를 하는 것이 필요하다. 몇 가지 의견을 준비하고 반드시 입 밖으로 말하는 실천을 하라. 쉽지 않겠지만 배에 힘을 주고 빠르게 의견을 말해보자. 내향성이 크면 클수록 더 많은 연습이 필요하다. 소소한 연습으로 점심때 '저 식당으로 갑시다!' 해보기 등으로 시작하여 '불편한 감정 상대에게 솔직하게 말하기'까지 해 보는 거다. 1대 1 개인적인 대화부터 천천히 연습을 해 보자.

서로 반대되는 성향의 사람과는 맞지 않으니 함께 일할 수 없다고 생각하는가? 같은 성향의 사람끼리 일하는 것이 효율적일까? 그렇지 않다. 같은 성향끼리 일하는 것은 불가능할 뿐더러 효율적이지도 않다. 나의 부족함을 내가 아닌 상대방이 채워주는 것이 효율적이고 효과적인 업무 방식이다. 와튼스쿨의 조직심리학자 애던 그랜트는 내향적 성향을 가진 조직에 외향적 성향의 리더가 나타나자 성과가 났고, 외향적인 구성원이 많은 조직에서는 경청을 잘하고 평온함을 가진 내향적 성향의 리더가 나타나자 성과가 높아지는 경향이 있다고 했다.

〈상대방을 이해하는 말〉

- 상대방은 나를 무시하는 게 아니라 깊이 생각하고 있는 중이야.
- 아무 생각 없이 회의에 앉아있는 게 아니야.
- 우유부단한 게 아니라 다양한 변수를 고려하고 있는 거야.
- 내가 미처 생각하지 못한 것까지 꼼꼼하게 생각하고 있어.
- 상대방은 독불장군이 아니라 다양한 의견을 쏟아내고 있는 중이야.
- 말할 게 많아서 잊어버리기 전에 말하려는 거야.
- 나의 의견을 듣고 싶어 하고 있어.

- 실행력이 있어서 우리 일을 반드시 해내고 말 거야.

상대방의 강점을 보려고 노력하라. 상대방의 강점과 나의 강점이 만나야 일의 시너지가 확장된다. 나와 다른 점에만 집중하며 불평불만을 이야기한다면 그 팀의 프로젝트는 더 이상 앞으로 나아갈 수 없다. 위와 같이 나와 다른 점을 긍정적으로 바라보고 "당신은 내가 가지지 못한 강점을 가지고 있군요"라고 말해줘라. 일에서의 시너지도 사람과의 좋은 관계도 서로의 다름을 인정하는 것에서 이해는 시작된다.

손뼉도 마주쳐야 소리가 난다고 했던가? 요즘은 '케미가 잘 맞는다'고 한다. 함께 일하는 데 혹은 대화를 나누는 데 있어서 쿵짝이 잘 맞는 상대가 있게 마련이다. 내가 의도한 것을 알아채고 원하고 바라는 반응을 해주는 상대야말로 나와 잘 맞는 상대라고 생각된다. 상대의 성향이 어떠한지 잘 관찰하고 그와 에너지의 방향을 맞춰서 대화를 시작하라. 우리는 다르지만 맞춰갈 수 있다.

말하는 법

말하는 방법이 다른 상사와는
이렇게 대화하자

워라벨(일과 가정의 균형)이 강조되고 있기는 하지만 우리는 여전히 일터에서 보내는 시간이 훨씬 더 길다. 그 말인 즉, 일터의 동료들과 오랜 시간 마주하고 있다는 말이다. 직장동료(상사와 부하직원 모두)와의 대화를 잘하려면 어떻게 해야 할까? 특히나 상사와의 대화는 어떻게 해야 하나? 내가 부하직원이니까 무조건 들어야 하나? 어떻게 말해야 상사의 귀에 내 의견이 들어갈까? 상처를 받지도 주지도 않는 대화를 하고 싶다면 상사에 맞춘 대화를 해보자.

우리가 만나는 상사는 성격도 각양각색 취향도 다채롭다. 수많은 상사들이 있지만 그들을 크게 네 가지 성향으로 구분해서 나눠

보자. 그리고 각 성향에 맞는 특성에 따라 맞춤형 대화를 시도해
보자. 먼저 나의 상사가 어떤 구분에 들어맞는지부터 생각해 보자.
구분은 상사의 업무 능력에 따른 구분과 그들의 긍정성 정도에 따
라 네 가지로 나눈다. 업무 능력이 뛰어나면서 긍정적인 상사, 업
무 능력이 뛰어나지만 부정적인 상사, 업무 능력이 떨어지지만 긍
정적인 상사, 업무 능력이 떨어지면서 부정적인 상사다. 아래 그
림처럼 사분면으로 나누어 보면 이해가 빠르다. 이제 하나씩 살펴
보면서 맞춤형 대화하는 방법을 살펴보자.

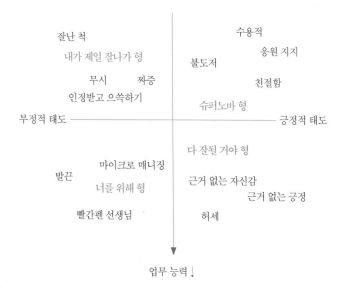

〈말하는 방법에 따른 상사 유형〉

먼저 업무 능력이 뛰어나면서 긍정적인 태도를 가진 상사를 보자. 더 말할 필요도 없이 가장 이상적인 상사라고 할 수 있다. 일도 잘하고 주변 사람들과 관계도 좋은 '슈퍼노바(Supernova)'형 상사이다. 동료와 부하직원에게 일의 방향을 제시하면서 할 수 있다는 용기까지 북돋워 주는 말투를 가진 최고의 리더다. 주변 동료들의 이야기에 귀 기울이며 친절하게 그들의 의사를 수용한다. 이렇게 완벽한 리더를 우리 주변에서 찾아볼 수 없다는 것이 안타까울 뿐이다.

슈퍼노바형 상사는 주변을 살피며 동료들을 응원하고 지지한다. 동료에게 조언할 때는 친절하고 응원의 마음을 담아 말한다. 또한 직원들을 움직이게 하는 동기 부여의 말을 자주 한다. 이런 과정 속에서 슈퍼노바는 수용적인 태도로 경청한다. 물론 성공의 공로도 함께 나눈다. 그렇기 때문에 함께 일하는 동료는 이들을 믿고 따르게 된다. 공감 능력과 수용력이 있는 슈퍼노바와는 어떤 대화도 가능하다.

이들과 대화할 때 두 가지를 주의해야 한다. 하나는 부정적이며 혼자 행동하는 사람으로 보이는 것이다. 긍정적인 태도를 가진 슈퍼노바 형 상사는 나만 잘났다고 말하는 직원을 좋게 보지 않는다. 두 번째는 "옳습니다", "당신만 따르겠습니다", "알아서 해주세요"와 같은 아첨의 말이다. 이 같은 말은 슈퍼노바를 실력을 자만한 독재자로 만들 수도 있다. 만약 서로 다른 의견이 생기더라도 기탄없이 대화하라. "저는 이렇게 생각합니다", "제 의견은요", "이건 어떻게 생각하시나요"와 같은 말로 대화하라. 슈퍼노바와 더 좋은 대화를 이어갈 수 있다.

두 번째 상사 유형을 보자. 업무 능력이 뛰어나지만 소통 능력이 없는 상사이다. '내가 제일 잘나가' 형 상사. 업무 능력이 뛰어나기 때문에 일은 참 잘한다. 하지만 왠지 정이 가지 않는 스타일이다. "이것도 모릅니까?", "이 정도는 기본으로 해야죠", "나는 진실만 말해", "내가 틀린 말 하나?" 등의 말을 자주 한다. 대화를 할수록 왠지 무시당하는 느낌이 들고 자꾸만 작아지는 나를 보게 된다. 그런 느낌을 주기 때문에 그들 주변에 사람이 없다. 그렇지만 정작 그들은 개의치 않는다.

'내가 제일 잘나가' 형의 상사와 대화에서의 핵심은 '인정'이다. "역시 그 내용을 잘 알고 계시군요", "따라올 사람이 없겠어요" 등의 말로 상사의 의견이나 말이 맞다고 먼저 인정하면 대화를 부드럽게 시작할 수 있다. "이럴 때는 어떻게 하는 게 좋은가요", "잘나가 님이라면 어떻게 하셨을까요"와 같이 조언을 구하는 대화법을 사용하면 더욱 좋다. 그렇지만 과하면 안 된다. 아첨으로 느껴지는 순간 당신과의 관계는 급격히 나빠질 것이다. 인정으로 마음의 빗장을 풀고 나의 의견을 말해라. "이런 다른 의견에 대해서도 열린 생각을 가지고 있으시죠?"와 같은 말로 자신의 고집을 내세울 수 없게 해보라.

만약 내가 실수를 했거나 일을 잘 못했다면 '내가 제일 잘나가' 형 상사에게는 실수를 바로 인정해야 한다. 변명을 늘어놓거나 남 탓을 하는 것은 상사에게 무시와 짜증 폭탄을 달라고 하는 격이다. 잘못을 빠르게 인정하고 상사의 조언을 구하라. "어떻게 하면 좋을까요. 팀장님의 의견을 구했어야 하는데……"라고 말해라. 그는 적극적으로 문제 상황을 해결할 것이다. 상황이 정리되면 다시 한번 '역시'라며 그를 인정해 줘야 한다.

이제 업무 능력이 떨어지지만 긍정적인 상사를 보자. 이들은 능력이 부족하지만 노력도 안 하면서 근거 없이 긍정적인 사람이다. '다 잘될 거야' 형으로 느긋하고 허세 있는 말투를 한다. 이들은 '내가 하면 모두 좋은 결과가 있을 거야'라는 잘못된 긍정 마인드를 가지고 있다. 나를 드러내고 싶어 안달이 난 허세형 말투가 대부분이다. 잘난 척 대장인 상사의 말에 불만만 쌓지 말고 내가 원하는 대로 대화를 리드해 보라. 오히려 어렵지 않다.

"거봐, 내가 이렇게 하면 된다고 했잖아", "열심히 해봐. 잘될 거야" 이런 말을 들으면 스트레스가 쌓이는가? 스트레스받지 말고 맞춤형 대화로 풀어가자. 가장 좋은 방법은 '동조'이다. "맞네요. 정말 그렇게 되네요"라고 상사의 말에 동조해 보라. '나와 코드가 좀 맞는군' 하며 나를 좋게 본다. 그리고 활용할 것이 '아시다시피'이다. 이것을 활용하여 상사를 리드하라. "팀장님이 아시는 바와 같이", "잘 아시다시피 프로젝트의 이런 점이 중요하니까" 등등

정반대의 얘기도 허세와 잘난 척을 받아주기만 하면 무사통과다.

'다 잘될 거야' 형 상사와의 대화에서 가장 유의해야 할 것은 무시하지 않는 것이다. '해보지도 않았으면서', '지난번에 실패했으면서', '알지도 못하면서' 등 그들의 능력이나 결과에 대해 탓하지 말은 금기어다. 덧붙여 "거봐요. 아니잖아요"라는 바른말, 즉 팩트체크하지 마라. 그들은 논리적으로 파고드는 것을 자신에 대한 공격이라고 받아들인다. 그럴 경우 무서운 보복으로 돌아오기도 하니 조심해야 한다.

마지막으로 업무 능력도 떨어지면서 부정적인 '너를 위해' 형 상사다. 이들은 독불장군일 경우가 많다. '네가 알아서 해'이거나 '막무가내 꼬투리 잡기' 대화를 구사한다. 항상 불평불만으로 대화를 시작한다. 그리고 웬만해선 고집을 꺾지 않는다. 부하직원이 논리적인 말을 하면 자신이 무시당했다고 생각하고 느닷없이 화를 폭발한다. 종잡을 수 없는 활화산이다. 말을 자주 바꾸거나 내가 언제 그랬냐며 오리발을 내미는 것은 그와 대화하고 싶지 않게 만드는 주요한 원인이다.

이들은 자신의 부실한 능력을 감추기 위해 마이크로 매니징 역할에 충실한다. 어떤 날 어느 한 사람에게 꽂혀서 작은 것 하나하나까지 꼬투리 잡는 식이다. 그들은 이것을 조언이라고 착각한다. 행사를 알리는 포스터를 보며 효과적인 알림의 방법에 집중하지 않고, '글씨 크기 키워봐라 줄여봐라. 글자를 올려라 내려라' 등의 답답한 경험은 내게도 있다. 답답하지만 이들과도 원활한 대화를 할 수 있다. '칭찬'을 깔고 말하라. "정말 세심한 것까지 챙기시네요. 대단하십니다"와 같은 칭찬과 함께 "말씀하신 것처럼 섬세한 부분을 고려하여 ~한 것을 추가해 봤습니다" 등으로 이야기를 잘 듣고 있다고 믿게 하는 것이 중요하다.

'너를 위해' 형 사람은 어디에서 폭발이 일어날지 종잡기 어렵다. 가령 '내가 없는데 간식을 먹고 있다니(심지어 남겨놓지도 않았어)'와 같은 사소한 부분이 화를 폭발하게 하는 트리거가 된다. 유치하게 이런 것에 폭발한다고? 정말 폭발한다. 작은 부분이라도 상대가 나를 공격한다고 느끼기 때문이다. 이럴 때는 절대 같이 발끈하지 마라. 일단 피하라. 격함이 가라앉은 후에 차분하면서 또박또박 말해주는 것이 좋다. 똑같이 언성을 높이는 것은 잘못된 선택이다. '나는 당신이 좋은 사람인 걸 알고 있습니다'라는 마음이 전해지도록 말해야 한다.

일을 하면서 만나는 상사는 피해 갈 수 없는 사람이다. 그러므로 어떻게든 좋은 관계를 유지하는 대화를 해내야 한다. 세상에 나와 꼭 맞는 사람은 없다. 나와 맞지 않는 사람의 존재를 인정하자. 좋은 상사인지 아닌지 따지기보다 어떻게 해야 그와의 대화가 순조로울지 생각하는 것이 현명하다. 그는 바뀌지 않는다. 방법은 나를 바꿔보는 것뿐. 심호흡을 해라. 그리고 마음을 열고 그의 말에 대립하기보다 먼저 수용하라. 그리고 그의 상황을 역지사지하

는 마음으로 '그럴 수 있지'라고 공감하자. 내 마음의 평화는 물론
이고 평화로운 대화도 이어갈 수 있다.

<좋은 대화를 위한 Tip>

	이렇게 말하자	이렇게 말하지 말자
슈퍼노바	• 저는 이렇게 생각합니다. • 이건 어떻게 생각하시나요?	• 그건 안 될 것 같은데…… • 당신만 따르겠습니다. • 알아서 해주세요.
내가 제일 잘나가	• 역시 따라올 사람이 없습니다. • 당신이라면 어떻게 했을까요? • 분명 좋은 의견이 있으시죠? • 잘 모르겠어요, 알려주세요.	• 그건 이런 이유가 있었습니다. • 어쩔 수 없는 상황이…… • 안 알려주셨잖아요.
다 잘될 거야	• 말씀하신 대로 하니까…… • 아시는 바와 같이 / 아시다시피	• 해 보지도 않았으면서 • 알지도 못하면서…… • 거봐요, 아니잖아요.
너를 위해	• 정말 섬세한 감각이네요. • 말씀하신 대로 ~을 했습니다.	• (언제 폭발할지 모르니 항상 잘 관찰하기)

생각

생각이 다른 부하직원과는
이렇게 대화하자

요즘 MZ세대와 함께 일하기 힘들다는 말이 종종 들린다. 완전히 다른 세계에 살고 있는 그들과 대화하기가 겁난다는 사람도 많다. 왜 그럴까? 공정함에 민감하고 자신의 의견을 적극적으로 표현하는 그들의 대화 방식이 낯설어서가 아닐까? 세대 간 갈등으로까지 이어질 수 있는 서로 다른 말하기 방식은 역시나 서로를 이해하고 좋은 면을 보는 긍정의 대화만이 해결책이 된다는 점을 기억하자.

앞서 상사를 유형별 나누어 살펴본 것처럼 동료나 부하직원도 말하는 유형에 따라 나누어 보고 각 유형에 적합한 대화 방법을 알아보자. 유형을 나누는 기준은 행동력이 있는가, 말만 많은가,

비판적 사고가 가능한가, 그저 수용하기만 하는가의 기준으로 네 가지 유형으로 나뉜다. 나뉜 유형은 '시키지 않아도 하는' 유형, '시키는 것만 하는' 유형, '시켜도 안 하는' 유형, '시키면 불평하는' 유형이다.

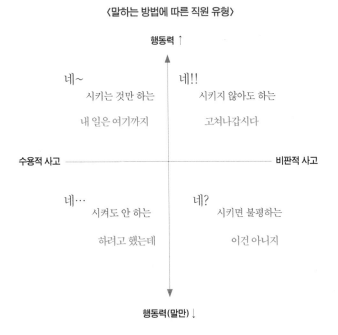

〈말하는 방법에 따른 직원 유형〉

먼저 살펴볼 유형은 '시키지 않아도 하는' 사람이다. 이들은 행동력이 있는 직원으로 일이나 문제 상황에서 자신의 의견을 상대와 잘 논의하는 형태의 대화를 한다. 상대의 입장을 살피며 공감의 대화를 시도하여 앞으로 나아갈 수 있는 대화를 유지한다. 행동력도 뛰어나서 신뢰할 수 있는 직원이다. 이들이 말하고 추진하는 업무는 믿고 맡기기에 충분하다.

"네!"라는 말로 자신의 긍정성과 행동력을 표현하는 '시키지 않아도 하는' 유형의 직원은 비판적 사고 능력이 있다. 그렇기 때문에 상대와 건강한 대화를 할 수 있다. 궁금한 점이 있다면 질문을 통해 사실을 확인하는 것으로 오해를 만들지 않는다. 정확하게 확인하는 대화로 서로에게 상처를 만들지 않는다. 이들은 "팀장님 의견은 ~인 거죠", "저는 이 부분이 수정되어야 한다고 생각합니다. 동의하시는 건가요?", "다음 주까지 기획서를 부장님께 드리겠습니다" 등의 확인으로 대화를 적극적으로 리드한다.

똑똑한 부하직원이 부담스러운가? 그렇게 생각된다면 내가 '제일 잘나가' 유형의 상사는 아닌지 점검해 보라. 대화는 상대적인 것이다. 시키지 않아도 하는 유형의 직원에게 "그렇게 혼자 잘난 척하면 곤란합니다" 등의 비난과 "일을 혼자 하나? 협업해야죠!"라고 하면 안 된다. 진취적이고 활동적인 유형의 이들은 이러한 비난과 제한에 몸이 굳고 입이 닫히기 때문이다. 활발한 의견 교류와 다양한 활동과 시행착오 과정이 이들에게 에너지가 된다는 것을 기억해라.

두 번째 유형은 시키는 것만 하는 유형이다. '네~' 유형이라고 말하고 싶다. 이 유형은 대화에 있어 자신의 의견이 거의 없고 주어지는 대로 받아들인다. 일함에 있어 내게 주어지는 일만 하는 사람이다. 더 적극적으로 자신의 의견을 보태거나 일을 찾아서 하지 않는다. 딱 주어진 것에만 충실한 형으로 어쩌면 많은 직원들이 이 유형에 머물러 있을 수 있다.

당신의 직장에서 회의 시간을 떠올려 보라. 상사만 이야기하고 있는가? 직원들 누구도 의견을 내지 않고 말도 없다면 그들 대부분이 '시키는 것만 하는' 유형의 사람들일 가능성이 높다. 상사는 답답하다. 그렇지만 그럴 때일수록 의견을 낼 수 있는 기회와 안전감을 주어야 한다. 인내심을 가지고 의견을 기다리고 의견에 대해 공감하며 존중하는 대화를 이어가라. 조금씩 용기를 얻은 직원은 '네~'에서 '네!'로 변화해 갈 수 있다.

'시키는 것만 하는' 유형의 직원들을 답답해하지만 말고 혹시 내가 그들의 입을 막은 것은 아닌지 살펴봐라. 어쩌면 이들은 적극적인 대화를 하다가 크게 상처받은 경험이 있을 수 있다. 앞선 '시키지 않아도 하는' 유형의 직원이 입을 닫게 되면 '시키는 것만 하는' 유형으로 변화되기 때문이다. 대화의 기본이 되는 존중과 공감이 가장 많이 필요한 유형이 바로 '시키는 것만 하는' 유형의 직원이다.

세 번째 유형은 '시키는 것도 안 하는' 일명 '네…' 형이다. 자신의 의견이나 표현을 잘 하지 않으며 행동보다는 말만 앞서는 유형의 직원이다. 이 유형의 사람은 오래지 않아 얼굴을 보기 힘들어질 가능성이 높지 않을까 싶다. 주어진 일에 대해 비판적 사고 없이 그대로 받아들이는 태도를 가진다. 그러나 정작 일을 하지 않고 이 핑계 저 핑계를 대며 말만 많은 사람이다.

이러한 유형의 직원과는 대화하기가 매우 어렵다. 대화가 잘 되는 듯 보이지만 정작 함께 하려는 의지가 보이지 않기 때문이다. '시키는 것도 안 하는' 유형의 직원에게는 엄격하고 정확하게 일을 해낼 것을 요구하는 말투를 활용해야 한다. "이번 주 금요일 3시까지 매출 분석 보고서를 결재 올리세요"와 같은 명확한 지시가 좋다. 이렇게까지 해야 하냐고? 이렇게까지 해야 한다! 그래도 핑계가 생겨서 시간이 늦어질 수 있다. 속 태우지 말고 지켜지지 않으면 어떤 결과가 있을 수 있는지까지 정확하게 안내해라. 그래야 움직인다.

핑계가 그럴듯해서 이해하고 넘어가는가? 아니면 이번은 그냥 넘어가겠다고 하나? 안 된다. 지켜지지 않았을 때는 그에 맞는 처벌이 지켜져야 한다. '시키는 것도 안 하는' 유형의 직원은 예외의 허용이 핑계의 원인이 된다. 명심할 것은 '시키는 것도 안 하는' 직원의 일이 진행되지 않는다고 해서 '시키지 않아도 하는' 직원이나 '시키는 것만 하는' 직원에게 떠넘기지 말라는 것이다. 모두 힘들어진다.

마지막으로 '시키면 불평하는' 유형으로 '네?'를 말하는 직원이다. 이들은 비판적 사고가 가능하고 행동보다는 말이 앞서는 유형의 사람이다. 비판 능력이 있기 때문에 상사나 동료와의 대화에서 잘못된 점이나 부당한 부분을 잘 파악한다. 그렇지만 이를 행동으로 개선하기보다는 뒤에서 말만 하는 형태를 취한다. 뒷담화에 능한 직원들이 이 유형에 속한다. 단순히 타인을 헐뜯는 뒷담화가 아닌 진실 기반의 부적절함이나 부당함에 대한 뒷말을 한다.

불평이 많은 '시키면 불평하는' 유형의 직원은 "이건 아니지 않아요?", "이렇게 하면 안 되는 거잖아요", "인사팀에 정확히 확인해야죠" 등의 말을 자주 하며 주변에 영향을 미친다. 정작 자신은 적극적으로 문제 해결의 노력은 하지 않는다. "나는 사실만 얘기해", "맞는 말이잖아요"라는 말하는 이들은 결코 즐거운 대화를 이어갈 상대로 보이지 않는다. 그럼에도 이들에게 문제를 보는 정확한 시야를 칭찬하며 말하자.

이들과 이야기하다 보면 화가 치밀 수 있다. 그럼에도 우리는 흥분하지 않는 것이 중요하다. 흥분해봤자 그들은 눈도 깜짝하지 않는다. 특히 부당하다고 주장하는 바를 묵살하거나 대충 넘어가지 말라. 그 부당함을 객관적 사실로 만들고 이에 제대로 대응하지 않은 당신까지 책임을 져야 하는 상황을 만들 수 있다. 제대로 정확하게 상황을 설명하고 이해시키는 대화를 해야 한다. 그들이 이해하고 멈출 때까지 지치지 말고 설명하라.

우리는 다양한 사람들과 직장에서 일을 하며 오랜 시간을 보낸다. 나와 같은 생각을 하는 사람은 없다. 정확하게 나를 이해하고 대화하는 사람도 없다. '이해해 주겠지', '내 마음을 다 알아줄 거야'라는 착각은 하지 말라. '부하직원이니까 시키면 하겠지'라는 생각은 대단히 위험하다. 어쩌면 동료나 부하직원과의 대화가 상사와의 대화보다 훨씬 어렵다. 좋은 대화를 위해 상대를 잘 관찰하고 상대가 원하는 바를 간파하라. 상대가 바라는 말을 해주는 대화는 언제나 옳다.

〈좋은 대화를 위한 Tip〉

	그들이 자주 하는 말	그들에게 하지 않아야 할 말
시키지 않아도 하는 유형	• 저는 이렇게 생각합니다. • 제가 (언제)까지 이렇게 하겠습니다.	• 혼자 앞서나가지 마세요. • 다른 직원과 맞추세요. (속도와 수준)
시키는 것만 하는 유형	• 네(의견이 아닌 대답) • 제 일은, 제 역할은	• 생각을 좀 하세요. • 생각하고 말하는 건가요?
시켜도 안 하는 유형	• 거의 말이 없음 • 하려고 했는데 • ~한 이유로	• 그렇다면 이번에는…… • 다음에는 이렇게 하세요.
시키면 불평하는 유형	• 이건 아니지. • 사실은 사실이니까 • ~에 따르면	• 네가 뭘 알아? • 그냥 하세요.

거울효과

공통점을 가지고 대화하면
효과가 배가 된다

살면서 가장 많이 보는 얼굴은 바로 자신의 모습이다. 우리는 거울을 통해 하루에도 여러 번 나의 모습을 본다. 가장 친숙하고 가장 사랑하는 얼굴이다. 이것은 자아도취와는 다른 사랑이다. 내가 가장 좋아하는 모습의 '나'와 닮은 사람을 만났을 때 관심이 기울어지는 것은 당연한 이치가 아닐까? 우리는 공통된 관심 분야나 비슷한 모습과 태도를 가진 사람과 관계를 맺고 싶어 한다. 그 관계에서 즐거움과 편안함을 느낀다. 거꾸로 말한다면 낯선 사람과의 관계를 편안하고 즐겁게 만들려면 그와의 공통분모를 찾거나 비슷한 태도를 유지하면 된다는 말이다.

김 부장: 저녁에 시원하게 맥주 한잔하고 퇴근하는 거 어때?

최 과장: 시원한 맥주, 무척 마시고 싶습니다. 그런데 제가 선약이 있어서 너무 아쉽습니다. 내일도 시원한 맥주는 맛있지 않을까요?

김 부장: 저녁에 시원하게 맥주 한잔하고 퇴근하는 거 어때?

박 과장: 저는 맥주를 별로 좋아하지 않아서요. 포장마차에서 한잔 하시는 건 어떠세요?

김 부장: 저녁에 시원하게 맥주 한잔하고 퇴근하는 거 어때?

송 과장: 저는 술을 안 좋아합니다. 건강에도 안 좋은데 왜 마시는지 모르겠어요.

김 부장의 똑같은 제안에 세 명의 과장은 다르게 답을 했다. 당신이 김 부장이라면 어떤 대답이 가장 마음에 드는가? 아마도 최 과장의 대답에 미소가 지어질 것이다. 사실 최 과장은 김 부장의 제안을 거절했다. 그럼에도 그의 대답이 기분 나쁘지 않은 것은 그가 김 부장과 같은(시원한 맥주 마시고 싶다) 생각을 가지고 있었기 때문이다. 거절도 기분 나쁘지 않게 하는 방법이다. 이와 반대로 송 과장의 거절은 어떠한가? 마치 김 부장을 쿡 찌르는 듯 반대 의견을 말한다. 절대로 예쁘게 봐지지 않는다. 살펴볼 지점이 박 과장에게 있다. 보통 많은 사람들이 이렇게 한다. 거절하자니 뭔가 찜찜해서 마지못해 다른 제안을 해본다. 그러나 이러한 노력은 소용없는 것이다. 이미 상대는 자신의 의견(맥주)을 거부당했기 때문에 다른 제안이 흔쾌히 받아들여지지 않는다.

심리학에 '미러링 효과(Mirroring effect)'가 있다. '거울효과'는 호감을 갖게 되는 사람들이 자연스럽게 서로를 따라 하게 된다는 법칙이다. 미러링이 가능한 이유는 '거울 뉴런(Mirror Neuron)'의 영향이다. 신경심리학자 콜(J. Cole)은 타인(표정과 행동)을 따라 하는 것과 그들의 감정을 읽어내는 것 사이의 상관관계가 있음을 밝혔다. 거울 뉴런의 활성화되어 상대방의 표정을 따라(미러링) 하면 그 신호는 변연계로 전달되어 감정을 파악하게 된다. 즉 표정을 따라 하는 것이 타인의 감정을 읽는 데 영향이 있다는 것이다. 우리는 슬퍼하는 사람을 보고 같이 슬퍼하고, 행복해하는 모습을 보면 함께 행복한 기분을 느낀다. 거울 뉴런의 영향으로 우리 뇌는 타인의 경험을 마치 자신이 직접 겪은 것처럼 느낀다.

거울효과는 일과 비즈니스에서도 큰 효과를 가져올 수 있다. 회의 시간이나 협상을 할 때 상대 혹은 상사를 미러링하라. 우리가 미러링을 하는 이유는 상대를 설득하여 내 의견을 전달하거나 좋은 관계를 만들기 위해서다. 미국의 심리학자 루이스 박사 역시 동의와 설득을 성공시킬 확률을 50%나 높이는 거울효과에 대해 말한 바 있다. 상대의 생각에 얼마나 관심을 갖는가? 그의 말에 얼마나 공감하는가? 같은 경험을 얼마나 함께 하는가? 등에 따라 관계의 질은 달라진다.

〈미러링하기〉

- 표정과 몸짓 – 미소, 눈짓, 하품, 손동작, 끄덕임
- 말투 – 말의 속도, 억양, 추임새, 반복되는 단어, 호흡
- 동의되는 생각 – 신념, 종교, ~에 대해 나도 비슷하게 생각해

위에 제시한 것 외에도 미러링할 수 있는 것은 다양하다. 미러링은 단순히 상대를 따라 하는 것에 그치지 않는다. 상대를 모방하면서 공통점을 만드는 것이다. 사람의 몸과 마음은 연결되어 있다. 생각하는 대로 행동하게 되는 것이 그 때문이다. 내 앞의 상대가 나와 비슷한 행동과 태도를 취하는 것만으로도 나는 그와 연결되어 있다는 생각을 한다. 나와 다르지 않은 모습이 '내 편'이라고 생각하게 한다. 당연하게도 나와 연결되어 있는 사람에게 관심이 가고 마음이 끌린다. 그 사람과의 대화는 즐겁고 편안하다. 좋은 관계가 만들어지는 것은 당연한 결과가 아닐까?

이렇게 나와 비슷한 공통점을 가진 사람에 대한 긍정적인 마음을 갖게 되는 이유는 '유사성의 원리(Principle of Similarity)' 때문이다. 유사성의 원리는 게슈탈트법칙 중 하나로 '모양이나 특성이 비슷한 것끼리 모아서 이해하는 경향'을 뜻한다. 속성이 같은, 즉

나와 비슷한 특성을 보이는 사람에게 긍정적인 감정을 갖게 되는 경향을 말한다. 미국의 심리학자 체틀랜드와 바그 박사는 말하는 사람의 행동을 따라 하는 미러링 실험을 통해 '상대방의 행동을 모방하는 것으로 호감을 갖게 되며 분위기 좋은 대화가 가능했다. 다만 노골적인 따라 하기는 부작용이 있을 수 있으므로 눈치채지 못하는 정도의 미러링이 효과적이다'라며 유사성 효과를 입증했다.

미러링은 거울 뉴런의 활성화를 통해 발현된 유사성 원칙의 효과이다. 그렇다면 어떻게 해야 미러링을 잘할 수 있단 말인가? 그저 따라 하는 것만으로 효과를 볼 수 있나? 부작용이 없는 미러링을 하기 위해서는 상대를 공부해야 하는 것이 가장 먼저다. 의도적으로 상대를 모방하기 위해서 상대방이 어떤 말투와 몸짓을 하는지 관찰하라. 자주 쓰는 단어가 무엇인지, 말하는 속도와 억양은 어떠한지 살펴라. 그가 하는 생각의 방향에 맞추어 함께 길을 걷듯 동조하며 추임새를 넣어라. 추임새 사이사이에 동일한 단어와 같은 억양 같은 몸짓을 하나씩 넣어보는 거다. 잘 모르겠는가? 그렇다면 어떻게 말하는 것이 거울효과를 최대로 활용할 수 있는 말하기인지 구체적으로 살펴보자.

- 파란색을 좋아하시나 봐요. 저도 파란색을 좋아해요. (같은 취향)
- 음~ 이 향수 ○○○이죠? 저도 이 향기를 좋아해요. (같은 취향)

- 어디 ○씨예요? 저도 ○씨예요. (같은 성씨)
- 고향이 어디세요? 저도 그곳에서 자랐어요. (같은 학교, 또는 같은 지역)

같은 색을 좋아하고 같은 취향의 향기를 좋아하는 것만으로도 친근함이 만들어진다. 그보다 더 가까움을 느끼게 하는 것은 같은 성씨나 같은 고향인 경우이다. 특히나 우리나라에서의 학연, 지연, 혈연은 그 끈끈함이 진하다. 그 말인즉 우리나라에서는 공통점을 찾는 미러링이 쉬울 수 있다는 것이다. 상대방과의 공통점을 찾아라. 잘 관찰하면 한두 개의 공통점은 충분히 찾을 수 있다. 겉으로 드러나는 공통점에 대해 대화를 시작하면 상대방의 마음을 편안하게 하는 대화를 이어갈 수 있다. 억지로 끼워맞추려는 무리수를 두지 않고 천천히 보이는 것부터 시작해서 이야기를 나누며 더 찾아가면 된다.

대화를 시작하면서 상대방의 호흡과 속도를 맞춘다. 말하는 속도를 맞추고 호흡을 맞추는 것은 두 사람을 마법처럼 같은 세계로 이끈다. 나란히 걷는 듯 호흡을 맞춰라. 같이 걷기 시작했다면 이제 그의 걸음걸이를 따라 하는 것이 필요하다. 대화에 있어 걸음걸이는 말투와 억양이다. 상대방이 하는 말에 "아, 정말 그렇군요"라며 긍정적인 맞장구를 쳐라. 상대의 억양과 말투로 하는 것이 중요하다. 예를 들어 '제가 보기엔', '놀랍게도', '아……', '흐음' 등 상대방이 자주 쓰는 단어나 표현을 나도 똑같이 써보자. 다만 모든 말끝에 넣는 것은 삼가라. 부담스럽다.

관계를 맺는 상대를 미리 공부한다면 유사성의 효과를 톡톡히 볼 수 있다. 상대가 농구에 관심이 있는 사람이라면 "운동을 좋아하신다고 들었습니다"라는 말로 시작하여 농구와 관련한 이야기를 자연스럽게 연결하면 된다. SNS를 활용하면 상대에 대한 정보는 충분히 확인할 수 있다. 미리 공부할 수 없더라도 대화를 천천히 이어가면서 '차이를 줄여가는 대화'를 하면 된다. "저도 그렇게 생각하고 있어요", "저도 비슷한 경험을 했습니다" 등의 대화라면 공통점을 만들어 갈 여지를 충분히 만들 수 있다. 천천히 같은 길을 걷는 것임을 잊지 말자.

우리는 상대를 모방할 수 있는 거울 뉴런을 가지고 있다. 앞서 보았듯이 신체적(몸짓, 표정) 모방은 감정의 연결을 불러온다. 이는 달리 말하면 공감이고 이해이며 역지사지이다. 상대의 감정에 나의 감정을 맞추고 그와 함께 같은 시간 같은 공간으로 이동한다. 그렇기 때문에 상대와의 대화는 부드럽게 이어지고 관계는 좋아지게 마련이다. 내가 상대의 표정을 살피며 미러링하듯 상대도 나의 표정을 모방한다. 미러링 되는 나의 표정을 어떻게 관리해야 할지는 말하지 않아도 알 것이다. 좋은 관계를 불러오는 것은 나의 표정에서부터 시작된다.

연습

대화와 소통은 결국 기술이므로
계속 연습해야 한다

◆

대화는 당신이 배울 수 있는 기술이다. 그건 자전거 타는 법을 배우거나 타이핑을 배우는 것과 같다. 만약 당신이 그것을 연습하려는 의지가 있다면, 당신은 삶의 모든 부분의 질을 급격하게 향상시킬 수 있다.

_브라이언 트레이시(Brian Tracy)

말을 잘하는 사람은 타고난다고 생각하는가? 결코 그렇지 않다. 말은 '하는 방법'을 익히고 '지속적인 연습'을 통해 길러지는 기술이다. 이번 장에서 효과적으로 말하는 방법을 살펴보자. 한 가지 당부할 것은 '좋은 말 습관은 천천히 오래도록 길러내야' 내 입에 달라붙게 된다는 것이다. 그러므로 지속적으로 연습하라. 하루아침에 좋은 말을 하는 사람이 되기는 어렵다. 운동선수가 오래도록 훈련을 거쳐 그 동작을 무의식적으로 해낼 수 있는 것과 마찬가지다. 무심코 내뱉는 나의 말투가 좋아지려면 의식적인 훈련 과정이 반드시 필요하다. 나 자신을 지속적으로 '가르쳐서 단련시켜' 몸으로 익히도록 한다. 그 과정은 짧지도 쉽지도 않을 것이다.

좋은 말 습관을 위해 익혀야 할 것은 매우 많다. 이렇게 많은 기술 가운데 이번 장에서는 말하기에 앞선 준비 단계의 연습과 전달력을 올리기 위한 기초 말하기 연습 그리고 상대와 이야기할 때 가장 유용한 말하기 기술로 나누어 설명한다.

가장 먼저 준비 단계 연습은 나의 말하기 준비 단계를 점검하는 것이다. 먼저 말하기에 앞선 준비 단계를 살펴보자. 본격적인 말하기에 앞선 준비에서는 나의 말투와 말버릇 등을 살펴보고 필요에 따라 바꾸고 고쳐야 한다. 말의 정확도와 속도 등 물리적인 나의 말투를 살펴보자.

나의 말투가 대화하기 적절한지 객관적으로 살펴보자. 나의 말하기 목소리는 적절한 크기인가? 말하는 속도와 발음은 어떠한가? 상대가 잘 알아들을 수 있는 크기의 목소리와 정확한 발성으로 말하고 있는가를 살펴라. 잊지 말아야 할 기본 기술 중 발음의 정확도는 기본 중의 기본이다. 그 외 상대방이 마음이 바빠지도록 빠르게 말하고 있지는 않은가? 혹은 너무 느려서 집중을 흐트리고 있는지 속도를 살펴야 한다. 빠르기에서 더 나아가 리듬을 살리는 것이 기술이다. 말하는 주제에 따라 빠르기를 조절하면 전달력을 높일 수 있다. 정확한 발음과 목소리의 크기 그리고 속도 조절 등은 말하기에 앞선 준비이므로 잘 연습해 두자.

　말하기 연습은 새로운 언어습관을 만드는 일이다. 새로운 것을 몸에 익히는 것은 매우 어려운 일이다. 특히나 주변에 부정적인 말 습관이나 적절하지 못한 말투로 대화하는 사람이 많다면 좋은 대화법을 익히기 어렵다. 왜냐하면 우리는 자주 듣는 말투를 따라 하는 경향이 있기 때문이다. 미국 심리학자 앨버트 반두라(Albert Bandura)에 의하면 우리는 타인을 모방하면서 학습하고 성장한다. 이것은 정보 획득뿐만 아니라 말도 마찬가지다. 반두라는 주변에서 자주 듣는 말이 무의식중에 튀어나온다고 말한다. 가족이나 직장 상사의 말투를 닮아가는 것은 자연스러운 일이다. 그러므로 좋은 말 습관을 위해 긍정적으로 말하는 사람을 가까이 두자.

긍정적으로
말하라

　　　대화와 소통을 위해서는 상대방과 좋은 느낌을 주고받아야 한다. 기분 나쁜 말을 하는 사람과 대화하고 싶은 사람은 없다. 내 입으로 나오는 말은 좋은 말이어야 한다. 특히나 직장에서는 실수한 직원에게 "충분히 그럴 수 있어", "같은 실수를 반복하지 않는 것이 더 중요해", "장 대리는 해낼 수 있어"라는 말로 위로와 용기를 줘라. 질책하고 지적한다고 일이 더 잘되지 않는다. 직원과의 관계만 나빠질 뿐이다. 사람을 세우고 그들이 일을 잘할 수 있도록 지도하는 것이 더 중요하다. 꾸준히 사람의 강점을 바라보는 연습을 하라. 관점의 전환만이 좋은 말 습관을 가능하게 한다.

간결하게
말하라

---◆---

간결함은 지혜의 본질이다.

_셰익스피어

길게 하는 말은 머리에 남지 않는다. 우리 중에 초등학교 시절 교장선생님의 훈화 말씀을 기억하는 사람은 없을 것이다. 아이들이 운동장에 픽 쓰러질 때까지 이어지는 좋은 말씀은 우리 기억에 없다. 왜일까? 길어서다. 하버드대학 소통전문가 닉 모건(Nick Morgan)은 '가치 있는 사람으로 인정받으려면 간결한 말로 적절하게 말하라'고 했다. 핵심은 '간결'한 말을 '적절'하게 하는 것이다. 짧게 말하려 노력하라. 말하고 싶은 내용을 간략하게 만드는 연습을 하라. 신문의 헤드라인처럼 20자 정도로 완성된 하나의 문장으로 만드는 연습은 말을 간결하게 하는 데 도움이 될 것이다.

같은 말을
반복하지 마라

상대방에게 강조하기 위해 혹은 중요하니 기억하기를 바라는 마음에 같은 말을 반복한다. 반복되는 정보는 기억에 오래 남기보다 상대로 하여금 그 정보를 흘려버리거나 무시하기 쉽게 만든다는 연구 결과가 있다. 결국 반복된 말을 가장 잘 기억하는 건 말하는 사람뿐이라는 것을 명심하자. 설령 새로운 정보라고 하더라도 같은 내용을 두 번째 듣는다면 '이미 아는 내용이야'라는 생각에 상대방의 말에 집중하지 않는다. 대화할 때는 같은 내용의 주제를 반복하지 말라. 또한 말을 할 때 똑같은 단어를 반복해서 사용하지 않도록 노력하라.

상대를 집중시킨 후에
말하라

　　나의 말투를 조절하고 긍정적인 언어로 반복도 하지 않고 간결하게 말을 해도 상대방이 대화에 집중하지 않는다면 대화는 이어질 수 없다. 요즘 사람들의 집중시간은 평균 8초 정도다. 스마트폰을 내려놓고 대화하지 않는다면 전화나 문자 SNS와 인터넷 등의 방해가 계속된다. 상대방을 나의 이야기에 집중시킨다는 것은 어려운 일이 된다. 이럴 때는 잠깐 멈춤의 효과를 노려보자. 내가 하는 말에 집중하고 있지 않다고 느꼈을 때 잠깐(2~3초간) 말을 멈춰라. 상대가 나에게 다시 집중한다면 말을 이어가자. 다만 말을 멈췄을 때는 온화한 표정과 미소를 띠는 것이 좋겠다. 화가 난 표정이나 어이없다는 표정은 오히려 대화를 망친다.

논리적으로
말하라

　　말의 앞뒤가 맞지 않고 허무맹랑한 내용은 상대방으로 하여금 대화에서 떠나고 싶게 만든다. 내가 하는 말에 논리성을 가지는 것은 대화의 질을 높이는 일이다. 논리성을 가지는 말하기 연습으로 좋은 AREA 법칙이 있다.

- Assertion(주장)

  자신이 말하거나 주장하고 싶은 문장을 20자 정도로 말한다.

- Reason(이유)

  주장에 대한 이유를 설명한다(상대가 궁금해할 내용으로).

- Evidence or Example(증거, 예시)

  주장과 이유에 대한 증거를 제시하거나 내가 겪은 예시를 든다.

- Assertion(주장)

  다시 한번 나의 주장을 말하며 강조한다.

예를 들어 볼까요?

건강을 위해 물을 자주 마셔야 합니다(주장). 우리 몸의 70%는 수분으로 이루어져 있고, 수분이 부족해지면 신진대사가 원활하지 않습니다(이유). 대사가 원활하지 않으면 몸속 노폐물이 배출되지 않아 몸에 독소가 쌓여요(증거). 저도 물을 자주 마시지 않는 습관 때문에 방광염으로 고생한 경험이 있습니다(예시). 그러므로 기초적인 건강을 유지하기 위해 물을 자주 마시는 것은 굉장히 중요합니다(주장).

이렇게 AREA 법칙을 활용하여 자신의 주장을 논리적으로 정리할 수 있다.

말버릇을
버려라

누구나 말을 할 때 특유의 말버릇을 갖는다. 자주 하는 말이나 단어가 있을 수 있고 특유의 추임새가 있을 수 있다. 이러한 말버릇이 대화에 방해가 되는지 살펴야 한다. 말끝마다 "아니……", "그건 아니지", "내가 해 봤는데" 등의 거슬리는 추임새는 과감히 없애야 한다. 차라리 단도직입적으로 대화에 들어가라. 이와 반대로 "잘 모르겠는데요", "아무거나 괜찮아요", "정해지는 대로 할게요" 등의 소극적인 말버릇은 상대를 기운 빠지게 해서 대화의 유지가 힘들어진다. 자신 있게 의견을 말하는 연습을 해야 한다.

한 가지 더 조심할 말버릇은 '죄송합니다' 또는 '죄송하지만'이다. 부탁이나 거절은 당당하게 해도 된다. '죄송하지만'을 빼고 정확하게 의도를 전달하라. 괜찮다. 무례하지 않다. 그 외 저속한 단어의 사용이나 전문용어의 남발 등도 반드시 버려야 할 말버릇이다.

부탁할 때는
'왜냐하면'을 활용하라

하버드대 심리학자인 블랑크 교수의 연구에서 우리는 '왜냐하면'의 힘을 알게 된다. 사람들이 줄 서 있는 상황에서 실험자는 중간에 끼어들어 복사를 부탁한다. "제가 먼저 복사를 해도 될까요?"라고 말할 때는 3분의 1 정도만 허락을 해주었다. 반면에 "제가 먼저 복사를 해도 될까요? 상사가 급하게 당장 가져오라고 해서요"라며 '왜냐하면'을 사용했더니 거의 모든 사람이 동의하는 결과가 나타났다. '왜냐하면'이라는 단어를 들으면 우리는 자동적으로 그것이 타당하다고 생각하게 된다. 그래서 불쾌감이 덜 생기게 된다고 한다. 직장에서 무언가를 부탁해야 할 상황에 놓인다면 '왜냐하면'을 적극 활용하여 매끄러운 대화를 유지하자.

거절은
명확하게 하라

거절을 해야 하는 상황은 부탁을 할 때보다 더 어렵고 힘들다. 거절을 잘 못해서 모든 일을 떠안고 끙끙거리는 직원을 본 적이 있다. 그가 당신일 수도 있겠다. 거절은 명확함이 가장 중요하다. 거절했다고 해서 그 사람과의 관계가 끊어지거나 적을 만드는 것이 아니라는 점을 명심해야 한다. "생각해 볼게요", "안 될 것 같은데" 등의 말은 상대방이 수락의 의미로 오해하기 충분하다. '아니오', '아닙니다'라고 말하는 것을 겁내지 마라. 정확하고 정당하게 이유를 말하고 자신의 거절 의사를 힘 있게 전달해라. 인간관계에서 영향력이 큰 사람은 잘 거절하는 방법을 알고 있다.

직장생활을 할 때 상사의 무리한 부탁이 있을 수 있다. 퇴근 전 일의 마무리를 부탁한다거나 짧은 시일 내에 해야 할 일을 주는 등의 경우다. 나의 일정이나 약속을 모두 취소하고 불평불만을 꾹 꾹 참으며 밤새 일을 하는가? 스트레스와 분노로 나의 건강을 망치는 지름길이다. 부드러운 절충점을 찾아보자. "팀장님 지금은 제가 가족과의 약속이 있어 일을 하기가 어렵습니다. 내일 일찍 출근해서 도와드리면 어떨까요?"라고 말해보자. 정말 돕기 힘들다면 "팀장님 마음이 급하시겠습니다. 정말 도와드리고 싶지만 제가 취소할 수 없는 선약이 있습니다. 박 대리도 이 일이 가능할 텐데 연락해 볼까요?"라고 명확한 설명과 함께 대안을 제시해 보자. 거절하라고 해서 "오늘 약속이 있어서 안 됩니다. 그리고 이것은 팀장님의 일이잖아요"라는 식의 대화는 상사와의 불화를 만들 뿐임을 기억하자. 명확한 이유 설명과 부드러운 절충점 찾기가 거절의 기술이다.

제3자를 활용하여 말하라

노스 일리노이대 심리학자 칼튼 마일(C. A. Maile)

은 카펫 판매실험을 했다. 카펫을 파는 사람이 '백화점 매니저'라고 소개하는 경우와 '소비자 시험연구소의 연구원'이라고 소개하는 경우로 나누어 실험한 결과 구매 의사가 매우 다르게 나타났다. 백화점 매니저라고 소개한 경우는 구매 의사가 33.3%로 나타난 반면, 연구소 연구원이라고 소개한 경우는 71.4%로 높게 나타났다. 어떤 연구소인지도 모른 채(사실은 아무렇게나 이름 지은 가짜 연구소임) 연구소라는 명칭만으로 실험 참가자는 스스로 신뢰를 가진 것이다. 이러한 맹목적인 신뢰는 카펫 구매에까지 영향을 미친다.

우리는 흔히 '전문가'라는 함정에 빠져 그 이야기의 진위와 상관없이 무조건적인 신뢰를 갖기도 한다. 같은 이야기를 하더라도 제3자, 특히 전문가의 말이라고 하면 설득력이 높아진다. 따라서 상대방을 설득하거나 나의 이야기에 신빙성을 높이고자 한다면 '제3자를 활용'한 말하기를 활용해 보자. 회의 시간이나 중요한 사업기획 발표 등에서 출처를 밝힌 자료나 정보를 활용하는 것을 적극 추천한다. 직장 상사는 출처를 밝힌 전문가의 의견에 큰 가치를 두고 더 나아가 내가 하는 이야기에도 귀를 기울이게 될 것이다. 제3자의 입을 빌려 내가 하고 싶은 이야기를 해보자.

'덕분에'를 늘리고
'때문에'는 줄여라

말은 습관적으로 나도 모르게 툭 튀어나오는 경우가 많다. 그렇기 때문에 오랜 기간 연습하고 연마해서 입에 달라붙게 해야 한다. 또한 말하는 매 순간을 인식하며 조심해야 한다. 특히 '때문에'라는 말은 매우 조심해야 한다. 매사에 다른 사람 탓을 하며 핑곗거리를 찾는 사람으로 보인다. 능력 없고 부정적인 사람으로 인식될 수 있다. '이번 일은 거래처 때문에 실수가 생겼다', '날씨 때문에 행사가 원활하지 못했다', '부하직원 때문에 승진이 안 됐다', '능력 없는 상사 때문에 힘들다', '…때문에'는 스스로 무능함을 드러내는 말이며 주변 사람을 떠나가게 만드는 말이다.

그렇다면 주변에 사람을 불러들이는 말은 무얼까? 바로 '덕분에'다. '때문에'와 반대되는 말이며 주변 사람과 함께 하고 싶다는 의미를 전달하는 말이다. "부장님 덕분에 프로젝트가 성공적이었습니다", "우리가 열심히 함께 노력한 덕분에 이번 행사가 잘 마무리되었어요", "좋은 거래처를 만난 덕분에 기회가 생겼네" 등의 말을 들었다고 생각해 보라. 그런 말을 한 사람과 좋은 관계가 유지되지 않겠는가? 더 만나고 오래 함께 일하고 싶지 않겠는가? 덕분에 말투는 나를 도와주는 사람을 많아지게 하고 내 주변에는 좋은 사람을 채워주는 말투다. '때문에'보다는 '덕분에' 말투를 쓰자.

259

말 습관은 어려서부터 내가 많이 들어왔던 말들이 마음속 머릿속에 자리 잡은 오래된 언어습관이다. 원활한 소통을 위한 새로운 말 습관을 가지려면 그만큼 더 오래 연습하고 노력해야 한다. 가장 먼저는 긍정적이고 타인을 배려하는 관점으로 전환하자. 지금까지와는 다르게 생각하기 바란다. 말은 생각에서 나오기 때문이다. 습관은 짧은 시간에 바뀌지 않는다. 좋은 습관으로 만들어야 하는 말투를 꾸준히 연습하고 또 연습해야 한다. 결국 좋은 말투는 좋은 대화로 이어지고 상대방과 소통하도록 돕는다.

PART
6

다름

나와 그의 다름을 인정해야
진정한 소통을 할 수 있다

'어쩜 이렇게 생각할 수가 있지?', '이렇게 생각하는 게 상식 아니야?'라며 펄쩍 뛴 적이 있는가? 그렇다면 당신은 다름을 인정하지 못하고 있다. 세상에 나와 똑같은 생각을 하는 사람은 단 한 명도 없다. 상식이라는 것은 나만의 기준이고 나만의 생각이다. 타인과 진정으로 소통하는 좋은 대화를 하고 싶은가? 사람들과 좋은 관계를 유지하고 싶은가? 그렇다면 만나는 모든 사람을 나와 다른 세계에 살고 있는 외계인으로 생각하자. 그들이 하는 말은 내가 모르는 새로운 언어라고 생각하고 제대로 번역하기 위해 노력해 보자. 나와 다른 종족으로 인정하는 순간 그들과의 소통의 길이 열린다.

팀장: 우리는 한 가족이나 다름없어.

팀원: 가족이요? (회사에는 일하러 오는 것이지. 가족과 만나려고 오는 건 아
　　　니잖아.)

팀장: 그럼. 그럼. 가족같이 편하게 생각하고 서로 도와가며 일하자.

팀원: (가족처럼 생각해서 일을 떠넘기는 건가?) 저는 회사 동료로 명확
　　　하게 일을 나누고 싶은데요.

　회사 동료가 가족과 같아질 수 있나? 가족과 직장동료는 그 역
할과 책임이 엄연히 다르다. '너도 우리 가족의 일원이다', '같은
곳에 몸담은 선후배', '우리는 하나', '하나의 공동체'와 같은 말은
개인(個人: 고유한 개체로서의 독립적인 지성체)의 특성은 인정하지 않겠
다는 의미가 크다. 개인이 아닌 집단의 구성원으로 합류하라는 말
이다. 인간 개개인을 독립적인 존재로 인식하는 서양 사회와는 다
르게 동양 사회는 집단에 속해 있는 개인으로 인식하는 '고맥락
사회(High-context society)'다. 그래서 학연, 지연, 혈연이 더 복잡하
게 얽혀있고 집단으로 개인을 이해하려 한다. 그러나 시간이 가면
서 우리 사회는 점점 더 수평적으로 변화되고 있다. 그러므로 우
리도 이제 집단 속의 개인이 아닌 개인의 고유한 개성과 존재감을
인정해야 한다.

　같은 지역에서 살았거나 같은 학교에서 공부하고 같은 경력을
쌓았다고 해도 우리는 똑같은 사람이 될 수 없다. 모두 각자 다른

존재다. 관심 있는 것과 좋아하는 것, 바라고 원하는 것이 모두 다르기 때문이다. 그렇기 때문에 생각하고 말하는 것이 다르고 행동하고 성취하는 것이 완전히 달라진다. 이렇게 서로 다른 곳을 보는 사람들과 진정한 소통을 하기 위해서는 다름을 '인정'하는 것부터 해야 한다. 다름을 인정하지 않는 것은 오해를 불러일으키며 오해는 반드시 갈등을 만든다. 인정을 통해 오해 없는 이해의 소통을 하자.

논어에서 공자는 '군자는 화이부동하고 소인은 동이불화한다'고 말했다. 이 말은 '군자는 화합하지만 같아지려 하지 않고 소인은 같아지려고 하면서도 화합하지 않는다'는 말이다. 서로 다름을 인정하면서도 서로 돕고 조화를 이루는 것이 맞다. 그저 (똑)같아지기만을 쫓는 것으로는 진정한 조화를 이루기 어렵다. 우리가 일하는 곳에서도 마찬가지다. 같은 조직에서 일한다고 같은 생각을 하라고 강요하는 것은 어리석은 일이다. 다양성이 강조되며 이종교배가 창의성과 혁신을 만들어 낸다는 요즘의 시대에서 서로 다른 생각을 가진 개인들이 서로 화합해야 좋은 성과를 내는 것은 당연하지 않겠는가.

박 부장: 우리 차 한 잔씩 하면서 회의할까요? 주문하세요.

정 인턴: 저는 아이스 아메리카노 마시겠습니다.

박 부장: 아이고 날이 이렇게 추운데 무슨 아이스야. 따뜻한 거 마

서요.

정 인턴: 아…… 저는 차가운 게 좋은데요.

박 부장: 찬 음료는 몸에 안 좋은 거 몰라요? 따뜻한 거 마셔요.

정 인턴: 생각해 보니 저는 음료 안 마셔도 될 것 같아요.

박 부장: 왜? 따뜻한 거 한잔 마시지.

박 부장은 정 인턴이 왜 음료를 마시지 않는지 모른다. 우리 직장에 박 부장과 같은 오지라퍼는 없는가? 혹은 내가 박 부장처럼 말하고 있지는 않은가? 박 부장의 말은 조언도 배려도 아니다. 참견이고 강요다. 이런 말을 하는 박 부장의 답답함 덕분에 차가운 음료가 필요해 보인다. 나와 다른 생각을 하는 사람들이 존재하며 우리는 관심도 취향도 다르다는 것을 인식해야(알아차려야) 한다. 그래야 상대방과의 대화에서 인정과 배려를 말할 수 있다. 행복한 대화와 좋은 관계는 서로의 다름을 인정하는 말에서 시작된다.

내가 대화하는 사람은 나이와 성별, 가정 환경과 성장 배경 등 많은 부분이 나와 다르다. 이렇게 다른 배경은 다른 생각, 다른 말투, 다른 행동, 다른 관계를 만들어 낸다. 같은 직장에서 같은 프로젝트를 진행하고 있다 해도 각자 관심 가지는 부분이 다르고 중요하게 생각하는 포인트가 다르다. 그러니 '상대방도 나와 같은 생각을 할 것이다'라는 착각으로 말하지 말자. 착각은 소통을 막을 뿐만 아니라 오해를 불러일으키며 상대를 분노케 할 수도 있다.

아이스 음료를 마시는 것은 그의 선택이며 그의 자유다. 배려라는 착각으로 상대를 내가 원하는 대로 움직이게 하려는 대화는 상대를 떠나게 한다.

명심해야 할 것은 '다르다'는 것이 '틀리다'는 것이 아니라는 점이다. '나와 다른 의견은 모두 틀렸어'라고 생각하는 사람은 타인과 대화할 수 없다. 그런 대화는 이기적이고 공격적인 대화다. 다름을 인정하고 받아들여야 상대를 인정하는 겸손하고 수용적인 말투가 생겨난다. 소통은 상대와 통하는 것이지 나만 말하는 독백이 아니다. 나와 다른 우주를 가진 존재와의 대화에서 우리는 다른 언어를 번역하듯 꼭꼭 짚어가며 차근차근 그 의미를 정확히 해석하도록 노력해야 한다.

송 팀장: 강 대리는 다 같이 하는 행사에 적극적으로 참여하지 않았어요.

강 대리: 제가 맡은 일은 다 처리했는데요.

송 팀장: 그래도 다 함께 모여서 짐도 날라주고 같이 정리하고 해야지. 안 그래요?

강 대리: 일에는 업무 분장이 있고 제 업무는 문제없이 진행했습니다. 같이 정리하지 않은 것이 제가 낮은 평가를 받을 이유는 아니라고 생각됩니다.

송 팀장: 강 대리는 항상 자기 일만 하죠. 동료와 함께 하는 맛이 없

어요. 동료들도 좋게 생각하고 있지 않아요.

강 대리: 그것은 송 팀장님의 입장이 아닌가 생각되네요.

직장에서는 사람은 좋은데 일은 좀 못하는 사람이 좋은 평가를 받을까? 아니면 일은 잘하는데 덜 호의적인 사람이 좋은 평가를 받을까? 앞서 말했듯이 우리나라는 고맥락 사회이기 때문에 송 팀장의 말에 고개를 끄덕이는 사람이 조금 더 많지 않을까 싶다. 사실 내가 그랬다. 필요 이상의 회식이나 사적 모임을 갖지 않았다. 직장은 일하는 곳이고 일을 하러 왔으면 일을 '열심히', '잘'해야 한다고 생각했기 때문이다. 그렇지만 조직은 그런 나를 딱딱하고 소통이 안 되는 사람이라 평가했다. 소통을 공부하고 실천하는 지금의 내가 돌아보니 나 역시 '내 생각이 옳다!'는 위험한 생각을 하고 있었다. 서로 다른 기준과 생각이 있음을 인정하지 않으면 갈등이 생기고 만다. 송 팀장 또한 자신의 일을 더 중요시하는 사람을 저평가하는 것이 자신만의 생각이라는 것을 깨달아야 한다.

소통은 쉽지 않다. 상대방이 내 진심을 몰라준다고 비난하거나 실망하지 말자. 그럴 때는 다름을 이해하는 과정을 빠르게 가져라. 하버드대학의 말하기 수업에서는 '의견이 나누어지면 즉시 해결하라'고 말한다. 즉 내 생각과 다른 부분이 발견되었다면 즉시 이를 확인하고 공통점으로 돌리라는 말이다. "저는 이것이 중요하다고 생각했는데 팀장님은 다르게 보시는군요. 그렇지만 우리

둘 다 프로젝트가 잘되기를 바라는 마음은 같으니까요……" 이런 대화의 흐름이 바로 다름을 같음으로 돌리는 말이다. 서로의 같은 점을 찾아 강조하면 다름도 쉽게 이해된다.

직장을 그만두는 원인 중 가장 큰 비중은 관계의 악화 때문이다. '일이 힘든 것'보다 '직장동료와의 불편한 관계'가 더 견디기 힘든 것이다. 편하다고 생각되는 직장동료와의 대화에서 더 조심하자. 상대방의 말이 내 생각과 다르다고 해서 지적하거나 조언하지 말라. 꾹 참고 입을 닫아라. 링컨의 '한 통의 쓸개즙보다 한 방울의 꿀이 더 많은 파리를 잡을 수 있다'는 말은 만고의 진리이다. 인간관계에 있어 누군가를 내 편으로 만들고 싶다면, 당신이 그의 진정한 친구임을 알게 해 주어야 한다. 진정한 친구란 바라봐 주고 이해해 주며 응원하는 사람이다. 친구를 가르치고 지적하는 사람은 없다. 상대방을 인정하고 진심으로 응원하는 대화는 달콤한 꿀 한 방울이 되어 좋은 관계로 우리를 안내할 것이다.

어떻게 말하고 대화하느냐에 따라 그 사람과 가까워지고 싶기도 하고 멀리 달아나고 싶기도 하다. 말할 때마다 내 말에 반대되는 이야기를 하는 사람과는 말하고 싶지 않다. 내 의견을 무시하는 사람과도 멀어지게 마련이다. 우리는 모두 하나하나 떨어져 있는 독립적인 섬과 같다. 떨어져 있는 섬을 이어주는 것은 연결의 대화다. 연결을 위해서는 각각의 섬을 동등하게 인정하는 것이 먼저다. 섬의 크기나 모양이 연결에서 우위를 결정하는 것이 아니듯 상대방의 나이나 성별 그 밖의 다양한 조건들이 관계에서의 중요도를 결정하지 않는다. 그러므로 그저 존재 그대로를 인정하라. 그리고 상대방과 함께 가진 공통점을 확인하며 연결의 대화를 하자.

전략

직장생활을 잘할 수 있는
'프로다운 말'의 전략은 따로 있다

돈을 받으며 일하는 사람은 프로다. 그러므로 급여를 받으며 일하는 우리는 모두 프로다. 당신은 프로답게 일하고 있는가? 프로다운 생각을 하며 프로다운 말과 태도를 취하고 있는지 돌아보라. 프로답게 말하고 태도를 취하는 것만으로도 주변 사람에게 좋은 영향을 주고받을 수 있다. 직장에서 만나는 사람과의 관계를 좋아지게 하는 프로다운 말 습관은 결국 나의 일과 삶에 긍정적인 결과를 만들어 낸다.

상사: 이번 교육사업은 IT 기반의 새로운 교육들로 진행하기로 했죠?

직원: 네, 맞습니다. 그래서 코딩교육을 해보면 좋겠다는 생각을
했습니다.

상사: 코딩교육이요? 학교 교육의 현황을 조사했나요? 이미 학교
교육에서 진행 중이잖아요?

직원: 그래요? 벌써 교육을 하고 있다고요? 몰랐어요.

돈 받고 일하는 우리는 프로라고 했다. 그렇지만 위 대화의 직
원은 프로라고 할 수 없다. 자신이 프로다운 일을 하고 있으려면
무엇보다 먼저 자신의 일에서 프로가 되어야 한다. 내 일에 있어
서 무엇을 해야 하는지조차 모르는 사람을 프로라고 할 수는 없
다. 프레젠테이션이 있다면 발표 준비를 철저히 연습하고 사업 기
획서나 제안서는 제출 전에 오탈자를 체크해라. 행사가 있다면 준
비사항을 점검하는 것이 필요하다. 프로다움의 시작은 기본기와
실력이다.

그다음으로 프로다움을 만드는 것은 프로다운 말하기다. 내가
가진 강점을 잘 드러내는 말하기는 직장동료와 거래처 등 일하면
서 만나는 모든 사람과의 관계에서 나를 돋보이게 한다. 나의 강
점에 초점을 맞춰라. 프로는 전문가다. 나의 약점을 드러내는 말
은 삼가라. 나의 가치가 떨어질 수 있기 때문이다. 이것은 겸손과
다른 것이니 착각하지 말라. 전문가다운 목표를 설정하고 앞으로
나아가는 자신감 넘치고 진취적인 말과 태도를 보여야 주변에서

도 인정한다.

주의할 것은 프로답다는 것을 오만함과 잘난 척으로 착각하지 말라는 것이다. 프로다운 태도를 키워라. 모르는 것을 물어보는 것에 주저하지 말라. 더불어 나보다 실력이 좋은 프로를 만난다면 실력을 인정하고 겸손하게 배워라. 이러한 겸손한 태도는 좋은 사람을 내 주변으로 끌어당긴다. 자존심 상한다는 생각에 홀로 끙끙거리다 일을 대충 마무리하는 것은 프로답지 못하다. 프로는 겸손한 말과 태도로 사람을 대하며 나의 일을 최상으로 성취한다. 자연스럽게 좋은 동료를 곁에 두고 그들과 함께 성취한다.

A: 대표님, 이번 주 바쁘신가요?

B: 대표님, 시간 좀 내주시겠어요? 제안드리고 싶은 사업이 있습니다.

C: 대표님, 제가 얼마 전 고객 경험 디자인과 관련한 좋은 정보를 알게 되었습니다. 요즘 사업 확장으로 고민 중이라고 들었습니다. 몇 가지 아이디어 전달드리면 도움이 되실 것 같아서 찾아뵈려고 합니다.

영업을 하기 위한 대화일 수도 있고 단순히 미팅을 위한 대화일 수도 있다. 당신은 누구와 비슷한 말 습관을 가지고 있는가? 혹은 반대로 당신이 청자라면 A, B, C 중 누구와 만나고 싶은가? A처럼 말하는 것은 되도록 피하라. 목적도 끌림도 없는 매력 없는 말투다. B는 평범한 말투로 대개 이렇게 말한다. 프로다운 말투를 연습하고 있는 우리는 C와 같이 말해야 한다. 상대에 대한 관심과 관찰을 통해 끌리는 대화로 매력 포인트를 만들어야 한다. 또한 상대로 하여금 궁금함을 끌어내야 한다.

소통은 언어의 전달이 아닌 감정의 전달이다. 상대방의 감정을 잘 읽어내야 소통을 잘할 수 있다. 바쁘게 돌아가는 직장생활에서 동료나 고객사와의 미팅에서 "내 말을 좀 들어줘"와 같은 징징거림은 절대 통하지 않는다. 상대방에게 명확하게 나의 의도를 전달하려면 "당신이 ~하면 좋겠어요", "나는 ~을 하고 싶습니다"와 같은 똑똑한 말하기를 해야 한다. 의도를 명확히 하고 상대에게 집중하는 말하기를 하자.

프로다운 매력의 말하기는 요청이 아닌 거절에서도 나타난다. 상대방의 요청을 거절해야 할 때 우리는 샌드위치 기법을 활용할 수 있다. YES NO YES 형식으로 거절의 앞뒤에 긍정의 말을 덮는 말하기다. "C가 제안한 고객 경험 디자인 아이디어는 정말 유용하겠어요(YES). 그렇지만 우리 회사가 올해 도입하기에는 시기가 촉박해 보입니다(NO). 내년에 좀 더 세밀하게 고민해 보겠습니다(YES). 제안 감사합니다"라고 말하는 방법이다. 어떤 거절 상황에서도 상대에게 부담을 주지 않고 부드럽게 거절하는 프로의 말하기다.

프로페셔널한 말투를 익히려면 지속적인 자기 인식과 연습이 필요하다. 진심이 없이 겉만 번지르르한 말투는 프로가 아닌 사기꾼의 말투임을 명심해야 한다. 탄탄히 다져진 내공에서 우러나오는 자연스러운 말투가 되도록 노력하고 연습하자. 다음에 제시하는 프로페셔널한 말하기 기술은 연습의 시작이 될 것이며 프로의 말하기를 익혀나가는 데 도움이 될 것이다.

〈프로페셔널한 말하기 기술〉

• 말하기 속도

너무 빠르지도 너무 느리지도 않게 말하라. 너무 빠르면 가벼워 보이고 말이 너무 느리면 답답해서 일 처리까지 순조롭지 못할 것 같은 인상을 준다.

• 목소리 톤

차분한 음성을 유지하라. 말하는 톤이 너무 높으면 듣는 사람이 집중하기 어렵다. 되도록 차분한 음성으로 말하기를 시도하라. 다만 때에 따라 높낮이를 바꿔가며 다채롭게 음색을 사용하면 대화가 지루하지 않다.

• 눈 맞춤과 미소 그리고 끄덕임

말하는 상대와 눈을 맞추고 고개를 끄덕여라. '나는 당신에게 집중하고 있어요'라는 표시다. 부드럽게 눈을 바라보며 대화의 내용에 따라 놀라거나 미소 짓거나 감탄하는 등의 얼굴 표정을 지어 보이면 더 효과적이다. 너무 눈만 뚫어져라 보는 것은 부담스러우니 삼가야 한다.

- 우물거림은 금물

말을 시작할 때 우물거리지 말라. 우물거리는 모습은 나를 신뢰하지 못하게 하며 불편한 감정을 만들어 낸다. 모르는 것이 있다면 모른다고 바로 말하며 정확하지 않은 것을 아는 척 말하지 말라. 어떤 이야기를 할까 고민하는 우물거림은 바람직하지 않다.

- 자신감 있게 또박또박

확신을 가진 말투를 사용하라. 확신을 가진 말투는 그 사실에 대한 정확함과 자신감에서 나온다. 그러므로 잘 아는 내용에 있어서는 프로답게 확신을 가지고 명확하게 말하자. 다만 내 의견만 우기는 것으로 보여서는 안 된다.

'프로페셔널한 말하기 기술'은 스킬일 뿐이다. 말하는 기술만으로 프로가 될 수 없다는 점을 명심하기 바란다. 프로는 내면에서 자연스럽게 카리스마가 뿜어져 나오게 마련이다. 내면의 힘은 일을 해내는 능력과 일에 대한 확신 그리고 일에 대한 책임감 등으로 탄탄해진다. 탄탄한 내면의 힘 위에 말하는 기술을 더함으로 프로는 더욱 프로다워지는 것이다.

직장생활을 하는 동안 우리는 수없이 많은 사람을 만나고 관계 맺는다. 그 관계 속에서 실력도 인정받고 승진을 하기도 하고, 구설수에 오르거나 억울한 상황을 맞기도 한다. 직장생활이라는 것이 일만 잘한다고 해서 평탄한 것이 아니라는 말이다. 사람과의 관계를 좋게 하는 것이 현명한 직장생활이다. 관계를 좋게 만드는 것은 말이고 말 습관이다. 동료와 함께하는 일에서 자신의 능력을 펼치면서도 겸손하며 따뜻한 말을 하는 사람은 언제나 환영받는다. 프로답게 일하고 프로페셔널하게 말하는 사람이야말로 진정한 프로다.

적당한 거리

직장에서는 적당한 거리를 두는
느슨한 관계로 말해야 한다

━━━━━━━━━━━━━━━━━━━━━━━━━

━━━━━━━◆━━━━━━━

사람을 대할 때는 불을 대하듯 하라.

다가갈 때는 타지 않을 정도로.

멀어질 때는 얼지 않을 정도로.

_디오게네스(Diogenes)

    사회에서 일로 만난 관계가 직장동료이다. 이들과의 관계는 기본이 비즈니스 관계다. 가족이나 친구와 다른 관계라는 말이다. 그러므로 직장동료와의 관계를 가족관계로 만들지 말라. 친구처럼 정서적 유대를 갖는 것에도 유의하라. 디오게네스의 말처럼 얼

어붙지도 불타지도 않는 적정한 거리를 유지하는 것이 현명한 직
장생활을 하는 방법임을 기억하자.

A: 이번 승진에서 박 부장이 본부장이 되었어. 일도 직원들만 시키
   는데 말이야.
B: 그걸 누가 몰라. 그래도 윗사람과 친하니 뭐. 정말 엉터리 승진
   이야.
C: 우리가 똘똘 뭉쳐서 지켜봐야 해. 사무실에서 계속 게임 켜 놓
   는 거 봤잖아.
D: 그래도 뭔가 평가가 좋았으니까 승진한 것 아니겠어?

동년배의 직장동료나 입사 동기 또는 친한 동료들과 어울려 지
내는가? 그들과 더 이상 어울리지 못하게 될까 봐 친분을 붙잡고
있는가? D를 보라. 그는 ABC와 느슨한 관계를 설정했다. 적절한
거리를 두며 말하고 있다. 코로나 시기에만 거리 두기가 필요한
것이 아니다. 직장생활에는 '현명한 거리 두기'가 필요하다. 불만
을 입에 달고 다니거나, 다른 사람의 험담을 늘어놓는 사람, 부정
적인 말을 자주 하는 직장동료에게 무작정 동조하거나 동의하는
반응은 조심해야 한다. 반드시 적정 거리를 두기 바란다.
나에게는 직장에서 만날 사람을 정할 선택권이 없다. 그저 운명
처럼 만나게 되는 것이다. 나를 힘들게 하는 직장 상사를 만난 운

명이 너무 가혹하고 더 이상 희망이 없다는 생각이 드는가? 희망을 가져라. 직장동료와의 관계는 영원하지 않다. 잠시 같은 시간을 보내는 것뿐이다. 우리 모두 언젠가 헤어진다. 부서가 달라지는 인사 발령이 날 수도 있고, 누군가 직장을 그만두며 헤어질 수도 있다. 그러니 너무 가깝지도 멀지도 않은 거리에서 선을 지키며 느슨한 관계를 유지하라.

분명하게 말하건대 직장에서 만난 사람들은 친구와 다르다. 일을 중심에 두고 만난 관계이므로 팀워크나 동료애인 것이지 마음과 정서로 이어진 우정과는 다르다. 물론 동료와 친밀한 관계를 유지하는 것은 좋다. 그렇지만 그런 관계를 많이 만들기 위해 몸과 마음으로 애쓰지 말라. 직장에서 마음을 나누는 사람이 한 명도 없어도 괜찮다. 그렇다고 직장생활을 못하는 것은 아니다. 직장동료는 그저 비즈니스를 기반으로 함께 일하는 동료다.

쇼펜하우어(Arthur Schopenhauer) 〈소논문집과 보충논문집〉의 고슴도치 이야기
추운 겨울날의 고슴도치는 서로 모여든다.
그렇지만 그들은 가까워질수록 서로의 가시에 찔렸다.
가시가 서로를 찌르면 조금 멀어지고 추워지면 다시 가까워지기를 반복했다. 그러다가 적정한 거리를 찾고 가시가 없는 서로의 얼굴 부분을 맞대고 잔다.

좋아하는 사람과는 더 자주 만나고 더 가까이 지내고 싶다. 그러나 가까운 사람일수록 적당한 거리 유지가 중요하다. 가시에 찔리는 상처는 멀리 있는 사람이 아닌 가까운 사람에게서 비롯된다. 고슴도치의 이야기에서 보듯이 가까워지기만을 바란다면 결국 둘은 서로의 가시에 찔려 죽게 된다. 적당한 거리를 유지하는 것이 필요하다. 이것은 물리적인 거리뿐만 아니라 심리적인 거리도 포함되는 말이다. 각자가 온전한 개인으로 설 수 있으며 서로에 대한 경계가 있는 사이가 건강한 사이다.

인류학자 에드워드 홀(Edward Hall)은 물리적인 거리를 통해 사람 사이의 친밀도를 나누었다. 친밀한 거리는 내 주변 0.5m로 구분했으며 매우 가까운 사이여야 친밀한 거리 안으로 들어올 수 있다. 이보다 조금 넓은 0.5~1.2미터는 개인적 거리로 사람들과의 대화가 보통 이 영역 안에서 이루어진다. 이보다 더 넓어진 1.2~3.6미터는 사회적 거리이며 일과 관련한 활동의 영역이다. 그 밖으로 넓어지는 영역은 공적인 거리로 사적 대화는 없는 영역이라고 한다.

우리는 상처받지 않을 적당한 거리가 필요하다. 직장에서 만나는 사람들과는 개인적 거리와 사회적 거리 안에서 가족이나 친구와 구별되는 관계를 유지하는 것이 좋다. 필요 이상의 관심과 개입은 서로에게 피곤함을 준다. 서로가 정한 경계선을 지켜라. 친하다고 생각하여 무리한 요구를 하지 않아야 하며 상대를 내 마음대로 하려 들어서도 안 된다. 특히 '너를 위해서', '너를 생각해서 하는 말이야' 등의 개입은 가시로 찌르는 고슴도치가 되는 것임을 기억하자. 직장동료는 가족이 아니다. 선(경계)을 넘지 말고 적당한 거리를 지켜라.

> 송 국장: 어떻게 후원금으로 비싼 망고를 샀나요?
> 강 과장: 망고 같은 과일은 후원하지 말라는 건가요? 싸구려 과일만 후원하라고요?
> 정 과장: 비싼 과일을 후원품으로 제공할 수 없다고 생각하지 않았습니다.

사회복지 현장에서 일했던 사람으로 위와 같은 편견에 사로잡힌 상사를 종종 만난다. 더군다나 이런 상사는 고집도 세다. 그렇지만 우리는 앞서 나와 같은 생각을 하는 사람은 단 한 명도 없다는 것을 알았다. 그들과 불편한 관계를 만들지 않으면서 나의 이야기를 전달하는 방법을 찾아야 한다. 강 과장처럼 말하면 국장과 갈등만 생길 뿐이다. 강 과장과 달리 정 과장의 말은 상대와 날을 세우지 않고 편안하게 대화를 이어갈 수 있는 말투다. 맞서기보다 감정을 누그러뜨리는 대화를 선택하자.

정 과장의 부드러운 대화법은 수사법 중 부드러운 인상을 주는 '완서법(리토테스, litotes)'이다. '~이다'라는 확정적인 말을 하는 대

282

신 '~가 아니지 않다'라고 표현한다. 정 과장은 '비싼 과일도 후원품으로 제공할 수 있다'라고 하지 않고 '비싼 과일을 후원품으로 제공할 수 없다고 생각하지 않는다'라고 완서법을 사용하여 말했기 때문에 부드럽게 느껴지는 것이다. 강한 표현을 해야 하는 경우 완서법을 통해 상대에게 반감이 아닌 이해의 문을 열어두자.

완서법은 날카로운 말을 부드럽게 만들기도 하지만 긍정의 말을 더욱 돋보이게 만들기도 한다. 예를 들어 "강 과장이 준비한 행사는 정말 좋은 결과를 내지"도 좋은 말이지만 완서법을 활용하여 "강 과장이 준비하는 행사는 안 좋을 수가 없지"라고 한다면 상대를 더욱 기분 좋게 한다. 직장생활에서 말을 하는 방법과 대화하는 방법을 프로답게 가져가는 것은 직장생활의 큰 이점이 된다. 느슨한 관계를 유지하며 상대를 편안하게 만드는 말투는 행복한 직장생활을 위한 최고의 전략이다.

◆

함께 있되 거리를 두라.
그래서 하늘 바람이
너희 사이에서 춤추게 하라.
_칼릴 지브란(Kahlil Gibran)

칼릴 지브란의 시는 우리가 인간관계를 만들어 갈 때 마음에 새겨야 할 내용이다. 서로의 사이에 하늘과 바람이 있을 수 있는 거리와 서로를 가시로 찌르지 않을 정도의 거리를 확보하자. 그러려면 우리는 직장동료와 너무 긴밀하지 않게 느슨한 관계를 맺어야한다. 언젠가 종료되는 유통기한이 있는 관계에 매달려 상처받지 말자. 지혜로운 적정 거리에서 자유롭게 춤추자.

메라비언 법칙

대화를 나눌 때 머릿속으로
그림을 그리며 대화해야 한다

이 세상에는 나와 똑같은 생각을 하며 말하지 않아도 알아채는 사람은 존재하지 않는다. 그와 반대로 '어쩜 저렇게 생각할 수 있나' 싶은 사람만 많을 뿐이다. 우리는 이렇게 나와 다른 사람과 하루 종일 직장에서 소통해야 한다. 나의 생각을 더 잘 전달할 수는 없을까? 오해 없이 이해하는 대화를 할 수는 없을까? 있다. 이번 장에서는 상대방에게 말이 아닌 이미지를 전달하는 '이미지 스피킹'에 대해 알아보자. 이미지를 전달하면 오해를 줄이고 이해를 높인다.

A: 이번 홍보 영상에서는 공장 전체의 모습과 직원들의 모습을 함

께 넣어 생동감을 더하겠습니다.

B: 이번 홍보 영상에서는 높은 앵글로 공장 전체의 규모를 강조하
는 장면을 찍고 깔끔하게 방진복을 입고 내부 설비를 조작하는
직원의 전문적인 모습도 넣어서 생동감을 더하겠습니다.

우리는 귀로만 듣지 않는다. A와 B는 같은 이야기를 하고 있다.
그러나 우리는 B의 이야기를 들을 때 더 생생하고 잘 전달되는 느
낌을 받는다. 왜일까? B는 말과 함께 이미지를 함께 전달했기 때
문이다. B처럼 듣는 사람이 자신의 말을 이미지로 떠올리면서 따
라오도록 하는 말하기를 '이미지 스피킹'이라고 부르겠다. 이미지
스피킹을 할 때 우리는 상대방의 말을 훨씬 잘 이해할 수 있다. 그
러므로 이제부터는 '이미지 스피킹'을 하자.

루즈 슈워츠(Ruth Schwartz)는 '시각'이 정보습득의 방법으로 대
단한 우위를 차지한다고 말한다. 그에 의하면 우리는 지식을 습득
할 때 시각에 의지함이 78%, 청각이 13%라고 한다. 그 외 후각과
미각이 각각 3%로 매우 미약하다. 바꿔 말하면 전달하는 메시지
에 시각적인 정보가 있으면 청각적인 메시지만 있는 것보다 훨씬
더 잘 전달된다. '신제품이 대히트를 쳤다'보다 '신제품을 사려는
사람이 구름처럼 몰려들고 있다'는 말이 더 효과적이다. '제품을
사겠다고 전날 밤을 새우며 줄을 서 있다'는 말은 더욱더 강조되
어 들린다.

이미지가 갖는 힘은 크다. 그러므로 '이미지 스피킹'은 집중력을 높인다. 직장에서 사업 제안을 발표하거나 회의에 참여하는 등 자신의 이야기를 할 기회는 많다. 특히 누군가를 설득해야 할 때 적극 활용해 보기 바란다. 상대방에게 이미지를 심어주려 할 때는 가능한 실제와 같이 자세하고 세밀하게 그리고 프로세스 전체를 말해주어라. 그래야 이미지가 잘 그려진다. 긍정어를 사용하여 말하되 상대방이 이미지를 그리며 따라 올 수 있도록 살피며 말한다.

- 첫인상을 결정하는 데 걸리는 시간 3초(미국 15초, 일본 6초, 한국 3초)
- 무표정한 상대의 인상을 결정하는 데 0.18초
- 상대에 대한 호감을 결정하는 데 30초

상대방을 겉모습으로 판단하면 안 된다는 말을 한다. 그렇다. 겉모습만으로 상대를 잘못 파악할 수 있다. 그렇지만 우리의 뇌는 단번에 상대를 스캔해 판단하고 만다. 3초 만에 상대를 판단하는 요소는 정말 겉으로 드러나는 지극히 개인적인 것들이다. 대화를 나누지도 않았기에 상대방의 전문성이나 인성도 호감을 좌우하지 못한다. 상대방의 얼굴 표정이나 옷차림 몸짓과 태도 첫마디 말의 톤과 발음 목소리 등이 머릿속에 먼저 자리 잡는다.

UCLA대 앨버트 메라비언(Albert Mehrabian) 교수의 《침묵의 메시지》를 살펴보면 짧은 순간 상대의 호감 정도를 결정하는 이유가 이해된다. 그에 따르면 우리의 호감은 55%가 시각에 의해, 38%는 청각에 의해 결정된다. 정작 그가 하는 말의 내용은 7%로 거의 중요치 않다고 '메라비언의 법칙'을 말한다. 여기서 말하는 시각과 청각은 보이는 것과 들리는 것이다. 표정과 몸짓, 옷차림, 태도 등의 시각적인 것과 목소리와 발음 톤과 억양 등의 청각적인 것을 말한다. 요약하자면 반듯하게 외모를 정돈하고 꾸미며 목소리를 다듬고 좋은 발음과 발성으로 상대와 이야기한다면 호감을 높일 수 있다. 이는 의사소통하는 데 큰 도움이 된다.

프로젝트를 유치해야 하는가? 경쟁에서 우위를 점해야 하는가? 면접을 보는가? 아니면 업체와 가격 경쟁을 협상해야 하는가? 그렇다면 제안서나 가격 조정 문서를 준비하면서 일을 하는 '나'도 잘 준비하기 바란다. 부스스한 머리와 피곤한 얼굴이 아닌 깨끗하고 활기찬 모습과 부드러운 중저음의 멋진 목소리도 준비하자. 밝게 인사하며 그 자리에 들어서는 당신의 모습 3초 안에 이미 협상의 결과는 기울었다.

- 자 이제 출근하자! 집에서 나올 때는 남편의 간과 아빠의 쓸개를 식탁 위에 두고 가자(간, 쓸개 모두 빼고 간다).
- 나는 이제부터 직장인 박 팀장이다. 박 팀장의 머리와 심장을 가지고 출근한다.
- 박 팀장은 직장인이고 지금부터 내가 듣고 하는 말은 박 팀장이

하는 것이다. 남편이자 아빠인 박철수가 상처받을 일은 없는 거다.

직장으로 향하는 출근길에는 '자연인 나'와는 다른 페르소나를 장착하는 것이 필요하다. 직장 안에서의 모습과 직장 밖에서의 모습이 달라지는 것이 이중적이라고 생각되는가? 아니다. 우리는 이중적인 모습을 가져야 한다. 그래야 말의 상처도 분리할 수 있다. 직장에서는 남편의 모습이나 아빠의 모습을 보이지 말라. 만나는 사람과 상황에 따라 다른 페르소나로 갈아 끼우는 것이 진정한 프로페셔널이다. 시각화된 페르소나 이미지에 따라 말투나 태도가 달라지고 달라진 모습대로 옷차림과 목소리도 달라질 것이다.

USC비터비 공과대 나시르 박사는 부부간의 대화를 알고리즘 분석하여 이혼율을 예측하는 실험을 했다. 이 실험에서는 목소리의 떨림이나 톤 목소리의 흔들림이나 말을 멈추고 쉬는 시간 등의 다양한 정보를 분석했다. 분석 결과 부정적인 대화를 했다고 평가된 부부는 이혼율이 79%로 높게 나타났다. 놀랍게도 이 수치는 관계전문가가 예측한 것보다 높은 적중률을 보였다. 대화의 질에 따라 관계의 질이 달라진다.

가능하다면 모든 상황에서 시각화하라. 상대에게 내 생각을 이미지로 전달하는 노력을 하라. 나의 이야기에 집중할 것이고 더 공감하게 된다. 요점을 간단히 말하되 필요하다면 그림이나 표 등을 활용하고 상대방이 상황이나 일의 결과를 머릿속으로 상상할 수 있도록 부드럽게 리드하는 말을 하자. 그렇지만 '메라비언의 법칙'을 활용한다고 지나치게 장황해지거나 상상해 보라고 상대를 강요하는 것은 주의해라.

우리의 직장생활은 인정과 애정이 넘쳐야 편안하고 발전적이다. 인정받고 애정 넘치는 관계를 만들기 위해 '이미지 스피킹'을 활용하자. 대화를 나눌 때 상대방이 내가 의도하는 바를 머릿속에 그림을 그릴 수 있도록 말해야 한다. 상대방과 나의 그림이 비슷할수록 공감과 이해가 수월해진다. 같은 그림을 그린 상대방은 설득되거나 나를 인정할 가능성이 높아진다. 시각적 요소를 놓치지 말자.

침묵

침묵은 말로 표현하는 것보다
강력한 표현이다

내 의견대로 따라주지 않는 부하직원에게 끊임없이 일을 종용하지만 제대로 돌아가지 않는다. 꼭 함께 일해야 하는 거래처에 아무리 부탁을 해도 계획대로 기일을 맞추지 못한다. 더 강하게 말을 해도 소용이 없다. 그렇다면 말을 멈춰야 할 때다. 말을 멈춰라. 멈추면 비로소 보인다고 했던가? 내가 말을 멈춰야 상대방은 비로소 나를 보고 내 말을 들으려 한다. 더 강하게 표현하고 싶은 중요한 정보일수록 침묵을 활용해서 상대방에게 각인되도록 하자.

말하는 것이 침묵하는 것보다
좋다는 확신이 들 때에만 말한다.

_카토(Cato)

침묵은 참된 지혜의 최상의 응답이다.

_에우리피데스(Euripides)

말할 때를 아는 사람은 또 침묵할 때를 안다.

_아르키메데스(Archimedes)

누구의 말에도 귀를 기울이라,
입은 누구를 위해서도 열지 말라.

_세익스피어(Shakespeare)

말수가 적은 사람이 최상의 사람이다.

_세익스피어(Shakespeare)

말을 하지 않는 것을 '침묵'이라고 한다. 그렇지만 침묵은 단순히 말을 하지 않는 것을 넘어선다. 역설적이게도 침묵은 가장 강력한 힘을 가진 '말'이다. 주변에 있는 말이 많은 사람을 다시 생각해 보자. 아무리 지식이 뛰어나고 일을 잘하더라도 말이 많은 사람은 가볍고 쉬운 사람으로 느껴진다. 평가 절하된다. 이와 반대로 말수가 적은 사람은 어떤가? 왠지 신중한 사람으로 느껴지며 위엄 있어 보인다. 그런 이유로 말이 많은 사람보다는 침묵을 잘 활용하는 사람이 관계에서 더 좋은 위치를 갖는다.

그렇다고 해서 입을 닫고 살라는 말은 아니다. 침묵을 적절히 활용하라는 것이다. 회의나 프레젠테이션에서 상대방을 나에게 집중을 시켜야 할 때 침묵은 꽤 좋은 방법이다. 말해야 하는 사람이 말을 하지 않고 조용하다면 사람들은 그에게 이목을 집중할 수밖에 없다. 혹은 반대로 상대방이 내 의견은 듣지 않고 자기주장만 하고 있다면 침묵의 시간으로 답하라. 잠시 침묵했다가 '서로 다른 생각이지만 좋은 결과를 원하는 건 같아요. 그렇죠?'라고 이어가면 갈등 없는 대화를 이어갈 수 있다.

2011년 1월 12일 미국에서는 추모식이 있었다. 총기 난사 사건으로 사망한 이들을 추모하는 행사로 애리조나 남동부 지역의 투산이라는 곳에서 진행되었다. 당시 대통령 오바마가 추모 연설을 했다. 오바마는 연설 중 슬픔의 감정이 복받쳐 51초 동안 말을 잊지 못했다. '무언의 연설'로 이름 지어진 이 연설은 모든 사람에게 공감을 주는 연설로 손꼽힌다. '말'이 없는 '무언'의 연설. 공감의 침묵은 백 마디 위로의 말보다 나았다.

커뮤니케이션에서는 말하지 않은 것을 듣는 게 중요하다.

_피터 드러커(Peter Drucker)

커뮤니케이션은 말과 의미를 전달하는 의사소통인데 말이 없음을 통해 소통이 가능할까? 말하지 않은 것은 어떻게 들을 수 있을까? 드러나지 않는 맥락 속에 있는 깊은 의미를 찾으라는 의미다. 직접적으로 말하는 것보다 드러내지 않으며 의미를 전달하는 '말'이 더 무게감을 가진다.

우리는 직장에서 일을 하면서 끊임없이 말하고 듣는 것을 반복한다. 치열하게 토론하거나 경쟁에서 살아남기 위해 나를 어필하고 내가 하는 일과 회사를 알린다. 그러면서 생각한다. 대화에서 '주도권을 잡고 말해야' 하며 이를 위해서는 말을 잘해야 한다고. 그렇지만 '주도권'이라는 것에 대한 오해가 있다. 대화에서 주도권을 잡는 것은 끊임없이 말한다고 잡히는 것이 아니다. 나의 주장에 무게를 싣고 신뢰를 얻어야 주도권이 생기는 것이다. 말을 잘하는 것은 그저 시끄러운 빈 수레가 될 수 있음을 기억하자.

커뮤니케이션을 잘하겠다고 상대방의 모든 대화 주제에 대해 모두 반응하지 말라. 그러다 보면 내가 잘 알지 못하는 내용에 대해 말이 앞서게 되고 실수가 생기게 마련이다. 누군가 '말하게 되기까지 3년이 걸리지만 말하지 않는 법을 알게 되기까지 30년이

걸린다'고 했다. 입을 다물고 이야기를 듣는 것은 그만큼 어렵다는 말이다. 내가 잘 모르는 내용이거나 상대방이 말을 쏟아내고 있을 때는 침묵하자.

앞서 말보다 비언어적 표현이 힘이 세다고 했다. 침묵은 비언어 대화다. 말하지 않음으로 더 큰 생각과 감정을 담을 수 있다. 이는 신경과학자 세스 호로비츠(Horowitz Seth S.)도 과학적으로도 설명했다. 사람들에게 단어나 소리를 들려준 후 침묵을 유지하고 뇌를 관찰한 결과 일정 시간 동안 침묵이 유지되면 뇌는 특정한 세포군을 찾아다니다가 흥분 중추와 감정 중추를 자극한다. 신경 중추 자극을 통해 침묵은 더 큰 생각과 집중이 가능하게 하고 더 공감되는 감정을 전달한다.

나중에 되삼키려 애쓰지 말고
그 순간 꿀꺽 말을 먹어버려라.

_프랭클린 루스벨트(Franklin Roosevelt)

침묵이 의사소통에서 강력한 도구가 될 수 있다. 그렇지만 '침묵'한다는 것은 매우 어려운 일이다. 왜냐하면 사람은 모두 자기가 주인공이 되고 싶어 하는 마음이 있기 때문이다. 나의 이야기, 나의 경험, 나의 주장을 가장 중요하다고 생각한다. 상대방이 말하고 있는 동안에도 우리는 다음에 내가 무슨 이야기를 할지 생각한다. 진정으로 듣지 않고 있다는 말이다. 진짜로 들어야 소통할수 있다. 진짜 듣는 것은 내 생각을 멈추고 상대의 말에 온전히 빠지는 것이다. 그러려면 가장 먼저 내 입을 닫아야 한다. 침묵하라.

직장에서 누가 말을 더 많이 할까? 직장 상사다. 직급이 올라갈수록 말이 많아진다. 말이 많아질수록 외로워진다. 왜 그럴까? 영국의 언어철학자 허버트 폴 그라이스(Hurbert Paul Grice)는 의사소통의 원칙을 양적 원칙, 질적 원칙, 연관성의 원칙, 표현 방법의 원칙으로 나눴다. 이 원칙에 위배되면 의사소통의 분절, 즉 갈등이일어난다고 했다. 특히 이 중 양적 원칙이 너무 많은 말을 하지 말라는 원칙이다. 요청된 정보보다 많은 말을 하게 되면 상대방은그와의 대화를 꺼리게 된다. 점점 더 외로워지는 이유이다.

내 생각을 멈추고 침묵한다는 것은 쉬운 일이 아니다. 용기와결단이 필요한 일이다. 침묵이 힘들어질 때마다 '지금 내가 하는말이 말하지 않는 것보다 도움이 되나?'를 항상 질문하자. 로마 철학자 카토가 말했듯 '말하는 것이 말을 하지 않는 것보다 낫다'는확신이 들 때에만 말하자. 특히 직장에서 타인에 대한 험담이라면더더욱 입을 다물어라. 다른 사람의 말에 동조하지도 말라. 전혀도움이 되지 않는다. 적절한 타이밍에 침묵하고 적당히 말하며 진짜로 듣는 것을 통해 우리는 우아한 말하기와 통하는 소통을 할수 있다.

힘들고 외롭고 아플 때 용기와 위로가 필요하다고 생각될 때 "괜찮아. 지나갈 거야", "힘내", "그럴 때는 이런 걸 해봐", "모두 겪는 거야" 이런 말이 힘이 될까? 아니라는 것을 알지만 우리는 위로를 말로 쉽게 건넨다. 말보다 강력한 힘을 갖는 것은 '침묵'이다. 조용히 다가가 따뜻하게 안아주거나 토닥토닥 등을 두드려 주는 것이 더 큰 위로와 용기를 주는 것임을 알아야 한다. 침묵은 말로 표현하는 것보다 강력한 표현이다.

인사

작고 사소하지만 인사만 잘해도
관계가 좋아진다

세대 차이가 많이 나서? 코로나 시대 이후 대면 관계가 어색해서? 개인주의로 내 일만 잘하면 되는데 굳이? 다양한 상황과 이유로 우리는 사람과의 만남이 어색하다. 다시 대면으로 일하기 시작하면서 더더욱 그렇다. 함께 일하는 동료와 좋은 관계를 만들기 위해 필요한 것은 아주 작은 노력이다. 바로 '인사'다. 아침에 직장에 들어서면서, 점심을 먹으러 가면서, 직장에서 얼굴 마주칠 때마다 그리고 퇴근할 때에도 인사를 하자. 되도록이면 상대방이 잘 듣도록 목소리를 키우고 활기차게 인사하자. 인사는 작은 행동으로 보이지만 관계를 만드는 가장 좋은 첫 시도이다.

김 대리: 안녕하세요! 좋은 아침입니다. 부장님 머리모양을 바꾸셨네요. 멋지게 잘 어울립니다.

박 대리: (후다닥 자리에 앉으며) 안녕하세요. 헉헉헉

최 대리: (이어폰 끼고 인사 없이 스르륵 자기 자리에 앉는다)

아침마다 큰 소리로 인사를 하면서 출근하는 부하직원이 있다. 반대로 지각을 겨우 면하는 시간에 달려 들어와 자리에 앉기 바쁜 직원이 있다. 당신이 상사로서 김 대리와 박 대리의 출근 모습을 보고 있다면 어떤 생각이 들겠는가? 혹여 늦지 않더라도 인사하지 않고 자기 자리에 앉는 최 대리에게는 어떤 느낌이 드는가? 누구나 활기차게 인사하는 김 대리의 모습에 미소 짓게 된다. 그렇다면 생각해 보자. 당신의 아침 출근길은 김 대리와 박 대리, 최 대리 중 어느 쪽에 가까운가?

에스파냐의 카탈루냐 지방에 마을 주민들이 자주 오는 식당이 있었다. 거친 뱃사람들은 말투 또한 거칠고 투박했다. 카페를 들어서며 "커피!"라고 주문을 하는 사람들을 보며 식당 주인은 아이디어를 냈다. 아침 인사를 하면서 커피를 주문하면 커피값을 깎아준 것이다. 식당을 이용하는 마을 사람들은 점차 아침 인사를 곁들여 커피를 주문했다. 식당은 어떻게 되었을까? 식당에 오는 모든 사람들이 서로 인사를 나누고 안부를 묻게 되었다. 식당을 이용하는 사람뿐만 아니라 마을 전체의 분위기가 부드럽게 달라졌

다. 인사는 관계를 부드럽게 만든다.

하루를 인사로 시작하자. 변화된 뱃사람들처럼 밝고 활기찬 아침 인사를 건네자. "안녕하세요?", "정말 날씨가 좋은 아침입니다", "좋은 일 있나 봐요! 얼굴이 좋아 보입니다"와 같은 인사는 인사를 받은 사람도 기분 좋아지게 한다. 인사하는 사람의 밝은 에너지가 전달되기 때문이다. '인사'는 내가 만나는 사람과의 관계를 여는 '문'이다. 에너지 넘치는 인사는 굳게 닫힌 문도 여는 만능열쇠다. 상대방과 더 좋은 관계로 가는 문도 열고 주변으로 긍정의 에너지도 확장하는 인사를 잘하자.

나: (입차하며) 안녕하세요?

나: (출차하며) 수고하십시오.

1주, 2주, 3주, 한 달, 두 달, 석 달……

나: 안녕하세요?

직원: 저…… 혹시 정기 주차하실 의향 있으세요?

나: 정기 주차 자리가 났어요? 자리 잡기 하늘의 별 따기라고 하던 데요. 우와!

직원: 네, 취소된 한 자리가 생겨서 알려드리는 거예요.

나: 네! 하겠습니다. 정말 감사합니다.

나의 경험이다. 나는 평소에 청소해 주시는 분과 빌딩 관리, 주차 관리하시는 분들께 인사를 잘하자는 생각을 가지고 있다. 실제로 열심히 인사를 하고 다닌다. 나의 인사에 상대방이 마음을 열고 나를 도와주기까지 했다. 주차장에서는 모든 차들이 창문을 꼭 닫은 채 휙휙 지나간다. 그렇지만 나는 항상 창문을 열고 인사를 했다. 내가 정기 주차를 할 기회를 가질 수 있었던 것은 당연히 인사의 결과다. 상대방은 단순히 인사만 받은 것이 아니다. 인사를 통해 자기 존재와 자신의 일을 존중받았다고 느꼈을 것이다.

인사를 함으로써 상대방이 나를 돕는 친절한 행동을 하도록 영향을 미칠 수 있다. SBS스페셜 320회 방송에서 '인사가 친절한 행동에 미치는 영향'에 대한 실험을 진행했다. 엘리베이터를 기다리며 실험자가 피실험자와 눈인사를 하는 경우와 하지 않는 경우 두 가지로 나누었다. 엘리베이터에서 내리면서 물건을 와르르 떨어뜨렸을 때 누가 얼마나 실험자를 도와주는지 살펴보았다. 놀랍게도 눈인사를 나눈 사람의 75%가 실험자(도움이 필요한 사람)를 도왔다. 그 반대의 경우는 25%만이 도움을 주었다. 단지 눈인사만 나눴을 뿐인데 상대방의 어려움에 민감하게 반응하고 그 사람을 돕는 친절을 베푼 것이다.

인사는 상대방의 마음의 문을 열 뿐만 아니라 도움이 필요한 사람을 돕는 행동까지 이어지게 하는 힘을 가진다. '안녕하세요?'라고 말하는 짧은 2~3초의 시간으로 나를 돕는 우호적인 관계의 동료를 만들 수 있다. 인사하지 않을 이유가 있을까? 내 주변의 동료부터 시작해서 타 부서의 임직원과 나의 회사를 방문하는 거래처와 고객에게 인사를 잘하자. 모두 나를 도와줄 준비를 마친 나의 동지가 되어 줄 것이다.

권 과장: (엘리베이터에 들어서며 버튼을 누른다.)

박 이사: (한발 늦게 엘리베이터에 타며 버튼을 누른다.)

권 과장: (인사를 해야 하나? 말아야 하나? 내릴 때 할까? 에이⋯⋯)

하 대리: (박 이사를 보자마자) 이사님! 안녕하십니까? 몇 층 가십니까? 식사는 하셨습니까? 날이 좀 추워졌습니다.

박 이사: 허허. 그러네요. 좀 쌀쌀해졌어. 자네는 몇 층에 있나?

하 대리: 네. 저는 10층 사회공헌부서에서 일하고 있습니다. 요즘 바쁘지만 재미있는 경험을 많이 하고 있습니다.

박 이사: 허허. 그래? 하 대리가 사회공헌 업무를 하고 있구먼. (내리며) 그럼 수고하게.

권 과장: (나도 빠르게 인사할 걸.)

인사는 바로바로 하는 거다. 인사를 나눌 사람을 만나자마자 하는 것이다. 인사하기 좋은 때를 찾지 마라. 권 과장처럼 망설이면 타이밍을 놓친다. 하 대리와 같이 짧은 순간 상대의 눈을 마주치며 나의 에너지를 듬뿍 담아 상대에게 안겨주는 것이 잘하는 인사이다. 더불어 하 대리는 엘리베이터가 움직이는 찰나의 시간 동안 날씨 이야기로 시작하여 상대의 안부도 묻고 자신의 현황까지 전달하는 '엘리베이터 스피치'라는 고급 기술까지 펼쳤다. 매우 잘한 인사법이다. 인사를 할까 말까 고민될 때는 하는 것이 맞다.

인사하는 것이 어려운 사람도 있다. 두 가지 포인트만 연습해보자. 먼저 인사는 밝은 표정으로 해라. 밝은 표정은 미소를 동반하게 된다. '당신을 만나서 너무나 즐겁습니다'라는 생각을 하며 미소를 지어라. 나의 미소는 상대의 미소도 불러오게 마련이다. 또한 인사는 예의 있게 하되 거리 없게 해라. 지나친 격식의 인사는 받는 상대를 부담스럽게 한다는 것을 기억해라. 정중하면서도 친근감 있는 느낌이 들도록 말과 제스처로 보완하자.

인사를 망설이게 하는 것은 어색함이나 거부감에 대한 두려운 심리 때문이다. 두려움을 겁내지 말고 먼저 인사를 하는 버릇을 들이자. 직장에서는 안부를 묻는 인사 외에 회의를 끝낼 때나 업무를 마무리할 때 등 다양한 마무리 시간에 인사를 잘 활용해도 좋다. "오늘 회의 때 의견 정말 좋았어", "여러분 덕분에(당신 덕분에) 이번 프로젝트가 잘 끝났어요" 등의 따뜻한 인사말은 직원들이 생각하는 나의 이미지를 좋게 만드는 데 큰 역할을 하는 인사가 된다.

외국 여행에서 가장 어색한 것은 모르는 사람과 인사를 나누는 것이다. "좋은 아침입니다. 날씨가 참 좋죠?"라고 인사를 건네는 외국인과 "아······ 네. 당신도 좋은 하루 되세요"로 답을 한다. 신기하게도 나에게 오늘 아침이 그리 좋은 아침(굿모닝)이 아니었더라도 한두 명과 미소로 굿모닝을 (인사로) 나누다 보면 어느새 기분 좋은 굿모닝이 된다. 인사는 모르는 사이에 에너지를 불어넣는다. 이왕이면 밝고 긍정적인 에너지를 넣자. 좋은 에너지의 전달은 좋은 관계를 맺는 데 중요한 역할을 한다. 인사만 잘 건네도 관계의 반은 만든 것이다.

경청

듣는 경청을 넘어 반응하는
경청을 해야 감동을 준다

요즘은 데이트를 하면서도 각자의 핸드폰에 몰두한 연인의 모습을 쉽게 볼 수 있다. 내가 이야기를 하고 있는데 상대방이 자신의 핸드폰에만 눈을 고정하고 있다면 어떤 기분이 들까? 진심 어린 대화가 이어지기는 어렵다. 아니, 더 이상 대화하고 싶지 않다. 나의 말에 집중하고 있지 않음은 나를 무시한다는 생각을 주기 때문이다. 정말 조심해야 할 행동이다. 반대로 나의 이야기에 눈을 반짝이며 '오 정말?', '그다음엔 어떻게 되었어?', '어머머'라며 반응하는 사람은 어떤가? 상대방은 즐겁게 자신의 이야기를 이어갈 것이다. 더 오래 조금 더 깊이 있는 대화가 가능하다. 상대방이 어떻게 이야기를 듣고 있는지에 따라 대화의 질은 달라진다.

훌륭한 화자가 되기 위해서는
훌륭한 청자가 되는 것이 먼저다.
상대방의 말을 진심을 다하여 들으면
말을 잘할 수 있을 뿐만 아니라
상대방도 나의 말을 집중하여 듣는다.

_래리킹(미국 토크 진행자)

　의사소통이라고 하는 대부분의 대화에서 우리는 어떤 모습을 하는지 보자. 상대방이 말을 할 때 그 주제에 대해 나는 어떤 생각을 하는지 생각한다. 혹은 그 주제에 대해 내가 할 다음 말을 생각한다. 그러느라 정작 상대방이 어떤 말을 하는지 듣지 못한다. 상대방이 말하는 것보다 내가 할 말이 더 중요하기 때문이다. 이것은 대화가 아니다. 막힌 곳을 뚫어내어 통하게 하는 '소통(疏通)'이 아니다. 각자 자신의 언어를 쏟아내는 언어의 소비일 뿐이다.
　우리는 잘 듣는 행위를 '경청'이라고 한다. 경청은 적극적 듣기라고 한다. 그렇다면 적극적으로 듣는다는 것은 무엇을 말하는가? 눈을 마주치고 몸을 기울이고 듣는 그런 것일까? 아니다. 적극적으로 듣는 것(Active Listening)은 나의 생각을 멈추고 상대의 생각을 따라 함께 머무는 것이다. 상대방의 마음 상태와 감정을 헤아리며 그의 말이 의미하는 바를 깊이 이해하는 것이다. 핵심은 나의 생각을 멈추는 데 있다.

그렇기 때문에 경청은 귀로 하지 않는다. 상대방이 말할 때 어떤 표정인지, 말의 속도는 어떤지 눈으로 들어야 한다. 말을 하면서 시선은 어떻고 몸짓언어는 어떠한지 온 마음으로 들어야 한다. 그러므로 적극적으로 들으려면 상대방을 향한 여유 있는 마음을 가져라. 정성을 다해 관찰하며 말로 표현하지 않은 행간의 의미까지 듣도록 연습하자. 잘 듣는 것(경청)도 지속적인 훈련을 통해 몸에 익힐 수 있는 기술이다.

후배: 선배님, 요즘 일은 많아지는데 예전처럼 일이 재미있지도 않고 힘들어요.

나: 그래? 그래서 에너지가 떨어진 것처럼 보였었구나.

후배: 떨어지는 일이 많아서 그런 것 같아요. 제가 원해서 하는 일이 아니라는 거죠.

나: 신나게 일하는 모습이 참 멋진데.

후배: 맞아요. 저는 주도적으로 일을 하는 편이라 그럴 때 신나죠! 주어지는 일은 재미가 없으니 힘들었나 봐요. 일에는 제가 원하는 신나는 일도 있으니 또 열심히 해야죠. 선배님이 여러 말씀을 해 주시니 참 좋네요.

나: 어? 어…… 그래. 언제든 티타임을 갖자고.

사실 후배와 만난 선배는 그다지 별 말을 전하지 않았다. 그럼에도 후배는 선배의 여러 조언이 고맙고 힘이 된다고 말한다. 뭘까? 그것은 반응이고 맞장구다. 상대의 마음을 알아채고 적절한 반응을 한다면 상대방은 이해받았다는 느낌을 받는다. 고개를 끄덕이거나 격하게 맞장구를 치거나 관련한 질문을 되짚는 것으로 반응하자. 경청과 함께 반응하면 더 깊은 상대방의 이야기를 들을 수도 있다.

사회심리학자인 폴 랜킨(Paul Rankin)은 경청에 대한 연구에서 사람들은 하루의 29.5%를 듣는 행위를 하는 데 사용한다고 밝혔다. 또한 언어활동 중 31.9%는 말하기가 차지하고 있으며 읽기와 쓰기는 각각 15%와 11%를 차지한다. 이것과 매우 큰 격차로 듣기는 42.1%를 차지한다고 했다. 말하는 것보다 듣는 일이 더 많다는 것이다. 42%인 듣기만 훌륭하게 해내도 말을 잘하는 것보다 의사소통을 잘한다고 여겨질 수 있다는 말이다. 앞서 후배의 말을 듣고 반응을 잘한 선배가 소통을 잘하는 사람이 될 수 있었던 이유가 이것이다.

소통을 잘하는 사람이 되고 싶다면 6:4를 기억하자. 듣기 6과 말하기 4로 말하기보다 듣기를 더 많이 하라. 공부를 잘하려면 앞쪽에 앉으라고 한다. 앞자리에서 집중해서 잘 듣기 때문일 것이다. 상대방 앞 1열에서 잘 듣자. 잘 듣는 것에 대해 볼핀(Wolvin)과 코클리(Coakley)는 복합적인 구성이 필요하다고 강조한다. 경청은 말을 듣고(hearing) 말하는 사람에게 집중(attention)하고 상대방의 의미를 이해(understanding)하는 세 가지가 이루어져야 한다. 이러한 과정으로 이루어지는 공감적 경청이 진정한 듣기다.

〈경청의 과정〉

- 내 생각을 멈춘다.
- 상대방의 이야기에 집중한다.
- 끝까지 듣는다(끼어들기, 말 자르기 금지).
- 맞장구를 친다(끄덕임, 적절한 표정, 추임새, 감탄사).
- 온전히 이해한다(상대방의 감정과 행동까지 이해한다).
- 적절한 질문으로 상대방을 북돋운다.

직장에서의 의사소통에도 위와 같은 경청의 과정이 해당된다. 경청을 할 때는 '하는 척'이 아니라 진심을 담아야 한다. 경청은 공감과 맞닿아 있기 때문이다. 특히 직장에서는 직급이 있기 때문에 직급이 높은 사람은 자신의 생각이나 의견을 말하기를 조심해야 한다. 강요나 압력으로 느낄 수 있다. 어느 직장인 대상 설문조사에서 '상사를 좋아하는가?'라는 질문에 '네'라고 대답한 사람의 답변이 인상 깊다. 그들은 '상사가 내 이야기를 잘 들어주기 때문'이라고 답했다.

경청해야 하는데 정말 집중이 안 되는 경우도 있다. 이럴 때는 의도적으로 경청의 태도를 만들어 보자. 노트나 메모지를 준비하여 상대방의 말을 적거나 의도적으로 고개를 끄덕여라. 너무 기계적인 끄덕임은 조심해야 한다. 가끔 상대방의 말에 연결되는 "저도 비슷한 생각을 했습니다", "이 부분에 대해 또 다른 생각을 가지고 있나요?"와 같은 질문을 해주면 더욱 좋다. 몸은 정신을 지배한다. 우리 뇌는 몸이 움직이는 대로 따라가기 때문이다. 이렇게 의도적으로 경청의 자세와 태도를 취하면 상대방의 말에 진심으로 귀 기울이게 된다.

충무공 이순신 장군은 개인 도서관 '운주당'을 가지고 있었다. 이순신 장군은 이곳에 오는 사람에 제한을 두지 않았다. 계급이나 신분에 상관없이 누구나 운주당에 와서 술과 음식을 취할 수 있었다. 충무공은 운주당을 듣기의 터로 활용한 것이다. 이곳에 오는 이의 이야기에 귀 기울이고 그 안에서 다양한 정보를 받아들였다. 그는 《난중일기》에서도 병사들과 자주 어울렸다고 적었다. 여러 사람들의 이야기에서 얻은 정보는 물길을 익히고 물속 지형을 파악하는 데 큰 도움이 되었다고 한다. 큰 전쟁을 이길 수 있는 핵심은 정보요, 이는 많은 사람의 말을 귀담아 듣고 수용했기 때문이다.

잘 들어야 한다고 강조했다. 듣는 것만 잘해도 소통의 달인이 될 수 있다고 말했다. 그렇지만 듣는 것은 생각보다 어렵다. 그 원인은 내 이야기를 상대에게 말하고 싶은 욕구 때문이다. 그렇지만 타인의 말을 많이 듣고 싶은 직원은 없다. 말하는 사람이 직장 상사라면 더더욱 그렇다. 상대를 공격하는 날카로운 칼날은 입에서 나와 귀로 들어가 상처를 낸다. 입을 닫고 귀는 열자. 직장동료의 마음을 다 받아낼 수 있는 커다란 귀를 활짝 열고 적극적인 반응을 곁들이자. 당신은 소통의 달인이 될 것이다.

몸짓

다양한 표정과 몸짓으로 들어야
진정으로 듣는 것이다

앞 장에서 우리는 잘 듣는 것이 무엇보다 중요하다고 했다. 잘 듣는다는 것은 상대방의 표정과 몸짓까지 듣는 적극적 경청이라고 말이다. 조금 바꿔 생각해 보면 표정과 몸짓은 들을 때뿐만 아니라 우리가 말을 할 때에도 중요한 역할을 하고 있다. 입을 통해 언어로 표현하지 않아도 상대방에게 지속적으로 의미를 전달하고 있기 때문이다. 그러므로 우리는 누군가와 대화를 할 때 그의 음성언어와 비음성 언어를 함께 들어야 한다. 그렇게 듣는 것이 진정으로 듣는 것이다.

출처: SBS뉴스 〈보여주는 맛!…수화에도 '먹방'이 있습니다〉
원본 링크 : https://news.sbs.co.kr/news/endPage.do?news_id=N1003299711&plink=
COPYPASTE&cooper=SBSNEWSEND

　　말에 몸짓이 더해지면 의미가 달라지는 것을 가장 잘 볼 수 있는 경우는 바로 '수어'이다. 위의 그림은 똑같은 '달다'라는 표현이지만 표정이 달라지면서 그 깊이가 달라진다. 위 사진의 수어 통역사 표정에서 매우 달다는 느낌이 전해진다. 코로나가 유행일 때에도 마스크를 쓰지 않고 수어를 구사하는 통역사를 봤을 것이다.

우리는 그들의 풍부한 표정 변화와 크고 작은 몸동작으로 말하는 그들을 봤다. 눈빛이나 입 모양 등의 다양한 표정과 몸짓으로 말하는 수어의 특징 때문이다.

상대방과 대화를 할 때 우리는 서로의 몸 전체를 본다. 나도 상대를 보지만 상대방도 나의 태도를 살핀다. 어떤 표정과 몸짓으로 소통하고 있는지 보는 것만으로도 상대방의 마음가짐을 알 수 있다. 내가 말하고 있을 때 상대방이 핸드폰을 보거나 딴짓을 하면 '무시당했다'는 감정을 느낀다. 이는 소통이 안 되는 것을 넘어 분노의 감정을 만들어 그와의 관계가 망가지는 결과까지 만든다. 비음성 언어가 주는 부정적인 감정은 음성언어로 전달받는 것보다 8배나 강하다.

영국의 언어학자이자 뱅거대 명예교수인 데이비드 크리스털 (David Crystal)은《힘 있는 말하기》에서 달변가들의 말하기에서 비언어적인 것들이 주는 영향력이 굉장히 크다는 말을 했다. 특히 운율이나 리듬, 목소리의 높낮이 등은 말의 전달력을 좌우하는 데 중요한 역할을 한다고 했다. 그는 자신의 또 다른 책에서 인류의 최초의 소통 수단은 보디랭귀지라고 했다. 그 옛날부터 인간은 위험을 알리거나 식량을 찾기 위한 소통을 위해 서로의 몸짓을 가장 유심히 지켜봐 왔다.

• 카톡 1: 이번 달 매출이 왜 이렇게 저조한 거야. 이 대리 매출액

점검했어요?

- 카톡 2: 이번 달 매출이 왜 이렇게 저조한 거야!! 이 대리 매출액
  점검했어요? :(
- 카톡 3: 이번 달 매출이 왜 이렇게 저조한 거야~ 이 대리 매출액
  점검했어요? ^^
- 카톡 4: 이번 달 매출이 왜 이렇게 저조한 거야…… 이 대리 매출
  액 점검했어요…?

요즘은 대부분 메시지를 주고받으며 일을 한다. 하루에도 수업
이 많은 메시지들이 오간다. 빠르고 명확한 메시지의 장점이 있
다. 그렇지만 글로만 전달되는 메시지는 심각한 오해를 불러올 수
도 있다. 같은 메시지를 보면서 누군가는 자신을 책망하는 글로
이해할 수도 있고 또 다른 누군가는 제안으로 받아들일 수도 있
다. 이럴 때는 메시지에 표정이라도 달아주자. 웃음 표시나 이모
티콘을 넣어 나의 표정도 함께 전달하는 것이다. 물론 직접 만나
서 이야기를 나누는 것이 가장 좋은 해결 방법이다.

심리학자들은 상담을 오는 내담자의 몸짓이 상대를 이해하는
가장 큰 정보이며 소통을 위한 열쇠라고 말한다. 음성 언어 못지
않게 몸짓언어도 중요하다는 것을 강조한다. 올리버 색스(Oliver
Sacks)는 그의 책《아내를 모자로 착각한 남자》에서 입으로 나오
는 말은 그 사람의 모든 존재의 의미를 담고 있다고 말했다. 그저

말로써 존재하는 언어가 아니라 비언어적인 것까지 포함하는 모든 정보를 담고 있다는 뜻이다.

하버드대학의 'SOFTEN 법칙'은 상대와 원활하고 긍정적인 대화를 할 수 있는 몸짓언어를 정리했다. 누구나 잘 아는 말이지만 내가 잘 실천하고 있는지 돌아보자. Smile-미소 짓기는 상대로 하여금 대화에 함께 할 수 있는 길을 열어준다. Open-열린 자세는 내가 대화에 적극적으로 임하고 있다는 것을 보여준다. Forward Lean-상대방 쪽으로 기울이는 자세는 상대방의 말에 집중하고 있으며 무척 관심을 가지고 있다는 표현이다. 상대방은 더 이야기하고 싶어진다. Touch-악수와 같은 터치로 존중과 긍정의 느낌을 전할 수 있다. 대화의 시작이나 마지막에 신체적 접촉을 해보자. Eye-대화 중에는 상대방의 눈을 바라보며 Nod-끄덕임을 잊지 말자. 이 법칙만 실천해도 오해 없이 대화를 이어갈 수 있다.

사회복지사: 안녕하세요? 이번에 복지관에 쌀이 후원품으로 들어왔는데 어르신께 전달해 드리려고 해요.

클라이언트: (눈을 반짝이며) 아이고~ 쌀이 들어왔구먼. 나는 괜찮은데…… 나보다 더 필요한 사람이 있는 거 아니야?

사회복지사: 정말 괜찮으세요? 후원품 배분 대상이시거든요. 쌀 안 받으셔도 괜찮으시겠어요?

클라이언트: (방바닥만 쳐다보며 괜스레 방을 닦는다.) 나야 뭐. 매번 똑같지. 나는 괜찮은데…….

사회복지사: 네, 알겠습니다. 안녕히 계세요.

　사회복지기관에서 후원품을 배분할 때 들을 수 있는 대화다. 기준에 부합하는 어르신께 쌀을 배분하려 했는데 할머니는 "괜찮다"고 말했고 사회복지사는 쌀을 전달하지 않았다. 이후 어떻게 되었을까? 할머니는 구청에 민원을 제기했다. "힘들고 어려운 나만 쏙 빼고 쌀을 나눠줬다"라며 담당 사회복지사를 민원의 대상으로 말이다. '괜찮아'는 괜찮다는 거짓말이었다. 그저 미안함에 해 보는 '마음에 없는 소리'였다.

　우리는 알아차려야 한다. 쌀이라는 소리에 반짝이던 할머니의 눈빛과 괜스레 방바닥만 쳐다보며 닦아대던 손놀림이 무엇을 말하고 있는지. '(나도 쌀이 필요한데) 나보다 더 필요한 사람이 있는 것은 아니겠지?'라고 하는 숨겨진 진심을 말이다. 비단 어르신뿐만 아니라 한국인은 대체로 자신의 진심을 드러내지 않는다. 안 괜찮은데 괜찮다고 한다. 힘들지만 안 힘들다고 한다. '알아주기를 바라는 마음'으로 보내는 작은 몸짓의 말을 잘 살피자.

　우리는 자신이 의도하는 중요한 의미를 음성으로 전달되는 말보다 몸짓에 넣는 경우가 많다. 말을 하다가 잠시 끊어가는 호흡이나 그때의 표정 혹은 불현듯 눈을 크게 뜨며 반짝이는 등의 표정이나 말을 하고 있는 자세 등이 중요한 정보를 담는 그릇이다. 중요한 정보가 담긴 그릇을 발견한다면 그 즉시 상대방에게 마이크를 넘기는 것이 좋다. 타이밍을 놓치면 정보는 사라지기 때문이다. 개인마다 그 그릇은 크기도 모양도 다르므로 내가 대화를 나누는 상대를 집중해서 관찰하는 것이 필요하다.

우리는 사람과 대화를 한다. 표정 없는 마네킹과 마주하여 말하고 싶은 사람은 아무도 없다. 마네킹보다는 차라리 웃는 얼굴의 사진을 마주하는 것이 훨씬 낫다. 왜 그런가? 바로 표정 때문이다. 표정과 몸짓은 의사소통을 돕는 도구이다. 소통을 잘할 수 있도록 도울 수 있다. 그렇지만 그 의미를 읽지 못한다면 괜찮다는 거짓말을 구분할 수 없게 되어 불통을 경험하게 된다. 상대방의 몸짓에 온전히 집중하는 대화를 하자. 상대방은 입으로만 말하지 않는다. 온몸으로 말하고 있다. 상대방이 말하는 진짜 속마음을 알려면 그들의 몸짓과 표정을 모두 들어야 한다.

질문

내가 원하는 대로
이끄는 대화가 가능하다

말은 큰 힘을 가지고 있다. 특히 내가 상대방에게 하는 질문은 상대방을 나의 세계로 이끄는 길이 된다. '당신 인생에서 가장 잊혀 지지 않는 행복의 순간은 언제였나요?'라는 질문과 '힘들고 어려웠던 일은 무엇이었나요?'라는 질문이 있다. 상대방과 즐겁고 건설적인 방향으로 대화를 하고 싶다면 둘 중 어떤 질문을 하는 것이 좋겠는가? 좋은 질문을 선택하면 상대방을 원하는 방향으로 이끌 수 있고 좋은 관계로 연결할 수 있다.

질문이 없다면 통찰도 없다.

_피터 드러커(Peter Drucker)

우리는 질문함으로써 현명해진다.

답변이 주어지지 않더라도 현명해지는 것은 마찬가지다.

_제임스 스티븐스(James Stephens)

믿기지 않겠지만, 인간의 가장 뛰어난 점은 나 자신과 타인에게

질문할 수 있는 힘이 있다는 것이다.

_소크라테스(Socrates)

계속해서 질문을 하는 것이 가장 중요하다.

호기심 자체가 의미를 가진다.

_아인슈타인(Albert Einstein)

사람을 판단하려면 그의 대답이 아니라 질문을 보라.

_볼테르(Voltaire)

질문의 중요성을 말하는 사람들이 무척 많다. 질문을 하려면 상
대방에게 관심을 기울여야 한다. 상대방에 대한 관심과 정보가 없

이는 작은 질문도 할 수가 없다. 질문거리를 생각하면서 사고가 깊어진다. 또한 질문은 하는 사람이나 받는 사람 모두에게 크고 작은 영감을 준다. 영감은 사고의 전환을 일으킨다. 영감을 통한 생각의 변화는 행동의 변화로 나타난다. 행동의 변화는 결국 상대방과의 관계 변화와 삶의 변화까지 만들어 낸다. 모든 것은 질문에서 시작된다.

신기하게도 사람은 그게 어떤 내용이든 질문을 받는 순간부터 답을 찾게 돼 있다. 다만 질문의 질에 따라 답변의 질이 달라질 뿐이다. 질문이 자세하고 길면 답변은 짧아지고 질문이 간단할수록 답변이 길고 자세해진다. 개방형으로 질문하라는 말이 그런 의미다. 또한 부정적인 생각을 떠올리지 않도록 질문해야 한다. 명심하자. 모든 질문은 내가 아닌 상대가 말하고 싶어 하는 내용의 질문이어야 한다.

직장에서 상사로부터 업무명령을 받았다면 질문을 활용해 보자. "팀장님은 이 업무에 대해 어떤 의미(가치)를 두십니까?", "제가 이 업무에서 할 수 있는 것은 어떤 것인가요?", "저는 이 일을 통해 무엇을 배울 수 있을까요?", "팀장님이 생각하시는 성공적인 마무리는 어떤 것인가요?" 등의 열린 질문이다. 팀장님은 단순히 해야 할 일의 나열이 아닌 보다 구체적이고 가치지향적인 설명을 할 수밖에 없다. 우리는 그 방향을 확인하고 일에서 배움의 기회를 찾으면 된다. 지시된 일만 하고서 "시키신 일을 다 했는데. 뭐가 문제죠?"라는 갈등의 씨앗을 떠안지 말고 현명한 학습자의 질문을 하자.

〈칭찬의 질문은 상대방을 내 편으로 만든다〉

A: 강 대리가 진행한 신제품 홍보전략 아이디어 너무 좋았어! 어떻게 이런 생각을 해낸 거야? 정말 신선하군. 반응도 좋고 말이야. 다음 홍보전략 회의에서도 기대하겠네.

B: 고객 중심의 전통적 홍보 방법도 생각 중인데 너무 어렵습니다. 대표님이 이루신 성공 비결이 필요합니다. 어떤 것을 유념하면 좋을까요?

애리조나대 심리마케팅 교수이자 사회심리학자 로버트 치알다니(Robert B. Cialdini)는 그의 책에서 '모든 관계는 칭찬에서 시작된다'고 말한다. 심지어 그는 평소 껄끄러운 사이의 사람에게도 계속해서 칭찬을 하라고 말한다. 칭찬을 계속 하게 되면 그 사람에 대한 생각이 긍정적으로 바뀌게 되며 내 생각의 틀 자체가 긍정적으로 변화하게 된다고 한다. 작고 의도적인 칭찬이 결국 내 삶의 틀과 인간관계를 바꾸는 역할을 하게 된다.

치알다니의 또 다른 책《설득의 심리학》에서 칭찬과 조언을 활용하면 나를 싫어하는 적도 내 편으로 만들 수 있다고 한다. 과연 칭찬과 조언을 구하는 말은 그렇게 힘이 강할까? 그렇다. 위 대화의 A는 칭찬을 활용한 말이고 B는 조언을 구하는 형식의 말이다. 상대방은 나의 말을 듣고 어떨까? 자신을 칭찬하는 나에게 나쁜 감정을 가질 수 있을까? 고마운 마음이 들면서 다음 회의에서 더 좋은 아이디어를 내고 싶어진다. 조언을 구하면 어떤가? 당연히 자신이 가진 다양한 경험과 예시들을 풀어놓으며 진심으로 조언한다. 설령 그 상대와 껄끄러운 사이라도 말이다.

다만 명심하자. 상대방에게 질문을 하고 나서 바로 나의 의도를 설명하지 말라. 나의 의도가 전달되는 순간 칭찬은 훈계를 위한 수단으로 전락해 버린다. 또한 빨리 답변을 하라며 재촉하지 말자. 진심이 마음에 스며들 시간을 주어야 한다. 따뜻함이 스며들 때까지 기다려라. 답변에 부담을 갖는 것은 질문한 사람이 아니다. 질문을 받은 사람이다. 어떻게든 답변하기 위해 애쓰고 있으니 편안한 표정으로 기다려라.

〈내가 원하는 대로 움직이게 만드는 가설 질문〉

- 잠깐, 우리 생각을 한번 해 보자. 만약 우리가 이 프로젝트를 다시 시작한다면 무엇을 다르게 해야 할까?
- 우리에게 충분한 시간과 예산이 있다면 어떤 변화를 만들어 낼 수 있을까?
- 우리가 진짜 이루고 싶은 목표는 뭐지?
- 이 사업이 성공으로 가기 위해 어떤 선택을 고민해야 할까?

● 우리가 활용할 수 있는 자원은 뭐가 있지?

많은 질문 중에 우리가 전략적으로 활용할 수 있는 질문이 있다. 위의 예시와 같은 질문으로 우리는 이것을 '가설 질문'이라고 한다. 가설 질문은 상대방에게 현재의 어려움이나 한계를 뛰어넘는 상상을 하게 만드는 의도된 질문이다. 현재의 장애물이 전혀 문제되지 않는다는 생각과 함께 '당신은 그것을 이겨낼 힘이 있습니다'라는 메시지를 전달해 준다. 놀랍게도 가설 질문을 받은 사람은 시공간을 넘나들며 답변을 생각할 수 있다. 그 과정에서 자신 내면의 힘을 끌어올리거나 문제의 해결 방안을 찾아낸다. 가설 질문은 일반 질문보다 훨씬 더 힘이 세다.

가설 질문의 또 다른 활용은 '암시'를 포함하여 질문하는 것이다. 질문을 받는 상대방으로 하여금 부정의 단어를 말할 수 없도록 만든다. 나의 의도를 질문에 넣었기 때문에 상대방이 원하는 선택옵션을 만들지 않는다. 근거나 논리 없이도 상대방을 나의 의도대로 움직이게 하는 아주 강력한 형태의 질문 방법이다. 좋은 효과를 거둘 수 있지만 사용에 각별히 주의를 요한다. 상대방이 질문 자체에 거부감을 느끼는 상황이라면 가설 질문이 관계를 망치는 독이 될 수 있다. 암시를 통한 가설 질문은 다음과 같이 활용할 수 있다.

하 팀장: 우리 팀의 아이디어 뱅크는 최 대리님이죠. 어떤 아이디어가 있나요?

백화점 점원: 두 가지 색이 다 잘 어울리시네요. 흰색으로 드릴까요? 검정색으로 드릴까요?

모금가: 저소득 아이들을 돕는 기부 금액이 3만 원, 5만 원 가능합니다. 어떤 금액으로 기부 하시겠어요?

거래처 대표: 저희 회사가 워크숍 진행에 최고인 것은 알고 계시죠? 이번에는…….

질문만 살펴보아도 암시적 가설 질문의 의도가 보일 것이다. 그러나 막상 질문을 듣는다면 의도를 파악한 당신이라도 답변은 같을 것이다. 하 팀장은 최 대리를 아이디어 뱅크라고 규정하는 암시를 함으로 최 대리가 생각을 끌어내도록 유도하고 있다. 마찬가지로 백화점 점원과 모금가는 안 사거나 기부를 안 한다는 부정의 옵션을 없애버린 가설 질문을 던지고 있다. 거래처 대표는 가설 질문으로 스스로의 실력을 상대방이 인정하고 답하게 만들고 있다. 가설 질문은 질문의 포인트를 교묘하게 바꿔서 상대방을 나의 의도에 따라 움직이게 만든다. 어떻게 질문하느냐에 따라 상대방의 반응과 행동은 크게 달라진다.

질문은 질문을 받는 사람을 움직이게 하는 메커니즘을 가지고 있다. 먼저는 답을 해야 한다는 의무감을 갖게 한다. 그러므로 기다리면 상대방은 어떤 말이라도 하게 되어 있다. 둘째는 질문의 의도에 따라 답변을 하게 되어 있다. 상대방이 기대하는 의도에 적절한 답을 하고 싶어지기 때문이다. 상대방이 즐겁고 흔쾌히 답할 수 있는 쉬운 질문을 하자. 쉬운 질문은 관계 속으로 들어오기 쉽게 한다. 필요하다면 상대방을 움직일 수 있는 전략적 질문을 하자. 질문을 잘하는 사람이 성공한다고 했던가? 적절한 단어 선택과 질문의 방법을 고민하여 직장에서 성공적으로 좋은 관계를 만들기 바란다.

| 참고도서 |

1   《뭘 해도 잘되는 사람의 말투》이재성, 레몬북스, 2021년

2   《원하는 것을 얻는 사람은 3마디로 말한다》오수향, 위즈덤하우스, 2019년

3   《말의 내공》신도현, 윤나루, 행성B, 2018년

4   《말투에도 연습이 필요합니다》김현정, 슬로디미디어, 2021년

5   《말센스》셀레스트 헤들리, 스몰빅라이프, 2019년

6   《하버드 100년 전통 말하기 수업》류리나, 리드리드출판, 2019년

7   《말투 하나 바꿨을 뿐인데》나이토 요시히토, 유노북스, 2017년

8   《모든 관계는 말투에서 시작된다》김범준, 위즈덤하우스, 2017년

9   《끌리는 말투에는 비밀이 있다》장차오, 미디어숲, 2020년

10   《성공하는 직장인의 7가지 언어습관》로버트 케건, 와이즈북, 2007년

11   《인생의 변화는 말투에서 시작된다》황시투안, 미디어숲, 2022년

12   《끌리는 말투 호감 가는 말투》리우난, 리드리드출판, 2022년

13   《말투가 고민이라면 유재석처럼》정재영, 센시오, 2021년

14   《어른의 대화법》임정민, 서사원, 2022년

15   《정신과 의사에게 배우는 자존감 대화법》문지현, 사람과나무사이, 2017년

16   《적을 만들지 않는 대화법》샘혼, 갈매나무, 2023년

17   《말의 품격》이기주, 황소북스, 2017년

18   《기적을 부르는 공감 대화법》장신웨, 리드리드출판, 2022년

19   《메타인지 대화법》이윤지, 넥서스BIZ, 2022년

20   《성공대화론》데일 카네기, 현대지성, 2022년

21   《언어를 디자인하라》유영만, 박용후, 쌤앤파커스, 2022년

22 《유쾌한 소통의 법칙 67》김창옥, 나무생각, 2021년

23 《관계에도 연습이 필요합니다》박상미, 웅진지식하우스, 2020년

24 《관계를 읽는 시간》문요한, 더퀘스트, 2018년

25 《리더의 질문법》에드거 샤인, 피터 샤인, 심심, 2022년

26 《말 그릇》김윤나, 카시오페아, 2017년

27 《비폭력대화》마셜 로젠버그, 한국 NVC센터, 2024년

28 《타인의 마음》김경일, 사피엔스 스튜디오, 샘터, 2022년

29 《나는 왜 회사만 가면 힘들까?》유세미, 알에이치코리아(RHK), 2023년

30 《모든 삶은 흐른다》로랑스 드빌레르, FIKA(피카), 2023년

31 《아픔이 길이 되려면》김승섭, 동아시아, 2017년

32 《회복탄력성》김주환, 위즈덤하우스, 2019년

33 《내면소통》김주환, 인플루엔셜, 2023년

34 《흔들리지 않고 피는 꽃이 어디 있으랴》도종환, 알에이치코리아, 2014년